素养时代的教师深度修炼

汪瑞林 著

大夏书系 | 教师专业发展

华东师范大学出版社
·上海·

图书在版编目（CIP）数据

素养时代的教师深度修炼/汪瑞林著.—上海：华东师范大学出版社，2025.
— ISBN 978-7-5760-5978-6

I. G451.2

中国国家版本馆 CIP 数据核字第 2025LU7551 号

大夏书系 ｜ 教师专业发展

素养时代的教师深度修炼

著　　者	汪瑞林
责任编辑	卢风保
责任校对	杨　坤
封面设计	奇文云海·设计顾问
出版发行	华东师范大学出版社
社　　址	上海市中山北路 3663 号　邮编 200062
网　　址	www.ecnupress.com.cn
电　　话	021-60821666　行政传真 021-62572105
客服电话	021-62865537
邮购电话	021-62869887
地　　址	上海市中山北路 3663 号华东师范大学校内先锋路口
网　　店	http://hdsdcbs.tmall.com/
印 刷 者	三河市龙林印务有限公司
开　　本	700×1000　16 开
印　　张	12
字　　数	184 千字
版　　次	2025 年 5 月第一版
印　　次	2025 年 5 月第一次
印　　数	6 100
书　　号	ISBN 978-7-5760-5978-6
定　　价	59.80 元

出 版 人　王　焰

（如发现本版图书有印订质量问题，请寄回本社市场部调换或电话 021-62865537 联系）

建设教育强国,基础教育是基点,我们每一个人不仅是见证者,更是建设者,我愿与广大教师们一起,跟随教育改革的时代洪流,且行且思。

目录 CONTENTS

序 在深度修炼中走向专业发展新境界 001

前言 "一眨眼，又是一个十年" 005

修炼一 // 修德立人

推敲让教育更加"真善美" 003

中小学课程思政的概念内涵、发展动力及实施策略 008

教师如何打破思维定势 018

如何为人工智能赋"魂" 023

破立结合 树立正确的考试评价观 027

修炼二 教学进阶

创造性转化与落实新课标　033

义务教育新课标的五大指向　035

如何增强教学的开放性　041

形成教学风格需磨砺"三性"　046

情境教学的价值意蕴及情境创设原则　051

正确理解叶圣陶的三个思想观点　061

推进课程改革应发扬"三此主义"　068

修炼三 成果提炼

教学成果的提炼与还原　075

提炼和培育教学成果应坚守四性　079

认识自我：教学成果提炼的基础　085

教学成果研究的路径
——在实践中总结理论　090

提炼教学成果的"十要十忌"　094

修炼四 // 考试评价

中高考试题难易之辩 105

教考衔接　破旧立新
——对高考改革中两个热点问题的思考 110

解答情境化命题要提高三种能力 116

以高考引导强化体美劳教育：意义、维度与命题思路 121

以内容改革彰显高考核心功能 132

修炼五 // 为师之道

如何才能让学生"亲其师" 137

教师专业成长三字诀：悟　通　新 144

做一个对教育教学"有感"的人 151

立德树人好教师的引路人 156

附录一　前行路上的良师益友
——我与《基础教育课程》 161

附录二　"双减"之下，如何重构我们的教育生活 165

序
PREFACE

在深度修炼中走向专业发展新境界

我们对"五项修炼"有过不少记忆。最初,是由彼得·圣吉在《第五项修炼:学习型组织的艺术与实践》中提出来的。彼得·圣吉从管理学的角度阐述,他认为,修炼的实质是持续开发创造未来的能力,而这种能力会构建起学习型组织。修炼为的是精神、智慧和活力,其实,精神、智慧和活力本身就是一种修炼,而持续开发则是修炼的动力源泉和显著特征。

后来,顾明远先生提到学生成才的五个要素,我们也将其称为学生成长的"五项修炼",包括内驱力、毅力、开放、智慧和领导力。成才是个漫长的过程,在此过程中,需要持续开发这五个要素。无论是理论还是实践,都证明顾先生对学生成才的判断是正确的。据说,今年顾先生将会和彼得·圣吉有个对话,他们将会对修炼有新的阐释,我们期待着。我们都需要修炼。

汪瑞林的新著《素养时代的教师深度修炼》将"修炼"迁移到教师专业发展上,旨在通过深度修炼推动教师专业素养的深度发展。"素养时代的教师深度修炼"是个命题，具有时代性。命题不是普通的问题，而是关于一个概念特征的陈述。在亚里士多德那里，命题呈现出观点与思想，也蕴含着方法。瑞林提出这一命题并将其置于教师发展的新时代背景下，开辟了新的视域和路径。相信，修炼、深度修炼会帮助教师找寻新的策略和方法，迈出新的步伐。

读了整本书，处处能感受到"深度修炼"的思想力量。这种思想力量源自书中提到的五个方面：一是修德立人。立德树人是教育的根本任务。这一根本任务不仅是对学生提出来的，也是教师的根本任务，而教师更侧重修德立人，立己并立人。教师首先要成为道德教师，成为学生为学、为事、为人的示范，让自己修炼成一门课程，成为一本大写的书。这是一项根本性的修炼。二是教学进阶。教学是一项创造性劳动，教学能力是教师的硬功夫、真本领。随着课程教学改革的不断深化，教师的教学思维、教学智慧、教学能力也要随之提高、跃升。只有教师教学进阶了，学生的学习能力才能得以提高，才能引领学生由此发展核心素养。三是成果提炼。教学改革需要有成果意识，而教学改革成果既是理论化的实践，又是实践化的理论。瑞林曾担任过两届基础教育国家级教学成果奖评审专家，参与过一些学校教学成果的讨论与指导，积累了丰富的经验。他对教学成果培育和提炼的一些看法与建议，言之有理，言之有情，言之凿凿，令人信服。四是考试评价。考试评价是一个公认的难题，瑞林长期关注高考、中考和日常考试评价改革，对考试改革，他提出了很多真知灼见。所有教师都离不开考试，都要将考试改革作为必答题，并以终为始，用考试杠杆撬动教学改革。无疑，这是教师的一项深度修炼。五是为师之道。道者，路也；道者，规律也；道者，教师的生命创造力也。瑞林深入研究为师之道，他所提出的建议为教师专业发展树立起指向远方的路标。

以上"五项修炼"形成一个整体，虽有不同的侧重，却又紧紧指向教师素养的提升，本身具有进阶性。修德立人是根本任务，教学进阶是主攻方向，考试评价是关键环节，成果提炼是提升标志，为师之道是目标境界。这五项修炼既遵循教师发展的一般规律，又具有独特性，构成教师发展的新逻辑。这一逻辑与教师生活紧密相连，让专业发展镶嵌在日常教育生活中，随时、随处、随机发生，成为常态。

瑞林是编辑，是编者，但他不只是在编稿，他又是很多报纸和期刊杂志的作者。编者与作者双向互动，作者让编者更有现场感，更有生活的深度体验感；编者让作者更有"出场感"，有更开阔的视野和格局。

编者与作者身份合于一身者并不少见，但对瑞林而言又有其鲜明的特点。

一者，瑞林是客观的观察者。他能以编辑特有的敏锐，发现教师的创造，同时发现比较隐蔽的问题，抓住新的改革方向和要点，撰文成章，引发读者的思考。二者，瑞林是深刻的思考者。他擅长从现象和事件中抽象出新观点、新见解来。比如，他对新课标的分析和教师风格如何形成的文章，是很有见地的。三者，瑞林是谦逊的学者。他近年来发表了多篇高质量、有影响力的核心期刊论文。他在各种场合下总是说自己是"门外汉""是来学习的"，实际上，他对于很多问题和现象有自己的独到见解，善于从学理层面反思，追根溯源，比如从他对叶圣陶三个教育思想观点的洞见，以及对课程思政概念内涵及内在发展动力的辨析，足见其扎实的学术功底。四者，瑞林是务实的建言者。他有强烈的社会责任感，勇于提出建议，在我看来，他的很多文章可以视为政策咨询报告。比如，他对中考、高考改革的相关文章，切中肯綮，受到教育部教育考试院等部门的重视，受邀参加过高考改革相关会议和研讨活动。五者，瑞林说到底是一位好教师，虽然他没有站在讲台上给学生上过课，但他对教师工作非常熟悉。比如，他关于"三此主义"以及教师发展"三字诀"的文章，富有启发性，不懂得教育教学专业、不了解教师生活的人是写不出来的。

深度修炼，是精神的生长、思想的淬炼、品格的塑造、智慧的闪耀，是生命活力再激发、再澎湃。我们都渴望进行深度修炼。其实，瑞林本人就是在持续的深度修炼中提升、发展起来的，他为我们树立了榜样。愿广大教师能从他的书中汲取成长的力量，走向素养时代教师专业发展的新境界。

成尚荣

乙巳年正月初一于南京

［成尚荣：著名学者，江苏省教科院研究员，原国家督学，香港中文大学（深圳）当代教育研究所高级研究员，教育部基础教育课程教学改革指导组专家］

前 言
PREFACE

"一眨眼,又是一个十年"

岁末年终,放着音乐整理书稿,听到张学友的那一首《又十年》,心有所动,不禁停下手头的活儿,思绪万千。

岁月流转,往事如烟。"一眨眼,又是一个十年"。十年前的2014,是有着特殊意义的一年。

我一直认为,本世纪初开启的新课程改革(亦称第八次课改),可以以2014年为界,划分为前后两个阶段。

第一个阶段,以2001年《基础教育课程改革纲要(试行)》的颁布为标志,拉开了新课程改革的序幕。本次课改以"三维目标"为核心理念,逐步构建起适应时代发展的新课程体系。"三维目标"的课程理念以促进学生全面发展为价值取向,突出过程与方法的育人功能,体现了学习者的主体地位。"三维目标"是素质教育思想和要求在课程中的落实,推动了教育实践的创新发展,促进了育人方式的转变。

第二个阶段,则以2014年教育部出台《关于全面深化课程改革落实立德树人根本任务的意见》为标志,新课程改革向综合、纵深方向推进。它明确了立德树人在课程教学改革中"根本任务"的性质定位，提出着力推进关键领域和主要环节的改革，如研究制定学生发展核心素养体系和学业质量标准，修订课程方案和课程标准，编写、修订高校和中小学相关学科教材，改进学科教学的育人功能，加强考试招生和评价的育人导向，强化教师育人能力培养，完善各方参与的育人机制，等等。基础教育课程改革由此进入素质教育的新阶段，课程教学目标从"三维目标"上升、进阶到培养学生核心素养。这可谓是一份纲领性文件，此后诸多重要改革及事件，都是依循其总体规划逐步推进实施的，比如《中国学生发展核心素养》的发布，统编三科教材的全覆盖，2017年版高中新课标的颁布实施，2022年版义务教育课程方案和课程标准的颁布实施，义务教育新教材的投入使用，有关推动劳动教育、体育、美育发展的文件的出台，等等。

2014年还有一些事情，是具有开创性和标志性的，比如上海市、浙江省率先进行选科模式的新高考改革，截至2024年底，除了西藏和新疆外，其他省份全部加入新高考改革行列，各省中考改革也同步推进；2014年，首届基础教育国家级教学成果奖颁布，自此，四年一届的国家级教学成果奖评审成为引领基础教育教学研究的重要机制，对促进中小学教师开展教学研究、交流经验、提高教学质量发挥了重要作用。

2014年对我个人而言也是有纪念意义的。我转岗担任课程周刊主编，开始扎根这个对我来说相对陌生的领域，没想到一干就是十年，直到现在。我有幸见证了基础教育新课程改革的后半程，也伴随新课程改革的发展不断学习、成长。一滴水可以折射太阳的光辉。我所写的这些文章，在某种程度上，也从一个微小视角反映了新时代基础教育改革的特色和价值追求。本书归集的五个主题，也即教师五项深度修炼——修德立人、教学进阶、成果提炼、考试评价、为师之道，与新课程改革提出的改革方向、重点工作是高度吻合的，因此也和中小学教学实践是密切相连的。

十年间，前期所写文章已经以《素养时代的教师专业成长》为题结集出版，《素养时代的教师深度修炼》所收录文章均为《素养时代的教师专业成长》出版后近三年时间内所写的专业性文章。看书名就知道这两本书有点"姊妹篇"的意思，难免被人放在一起做比较。从我个人来讲，这两本书犹如自己的两个孩子，手心手背都是肉，看着都挺美。但是如果硬要对这两个孩子的特点做一下分析，我觉得《素养时代的教师专业成长》更显厚重，其中有些论文是下了点苦功去研究的，也获得了较好的反响：《中小学"课程思政"的功能及其实现方式》在《课程·教材·教法》刊发后，截至目前在中国知网上已经被下载 8900 多次，被引用 255 次，引证分析报告显示，其学术影响力、社会影响力在"中等教育"分类中排在前 0.1%；《改进中小学德育评价的方向性思考》刊发后被人大复印资料全文转载，被下载 1910 次，引证分析报告显示，其学术影响力、社会影响力排在前 1%；还有几篇论文也有比较大的影响，比如《提升社会大众对统编三科教材的认知水平》等。而《素养时代的教师深度修炼》更显灵秀，跟现实问题贴合更为紧密，逻辑思考更为严谨，特别是有关教学成果研究与提炼、中高考改革的内容，是实用性很强的两个特色板块，既有宏观价值导向、政策分析方面的内容，又有"术"的层面的思考与探讨。《素养时代的教师专业成长》出版时收录了 8 篇带新闻采写性质的专家访谈和学校实践案例，而《素养时代的教师深度修炼》全部内容均为专业性思考文章，文章体例上更为纯粹，含金量更高。

具体而言，本书所收录文章，在《中国教育报》刊发的文章篇目上占一半，字数上占三分之一左右，其他文章刊发于《中国考试》《中国德育》《中国基础教育》《中小学教材教学》《中华读书报》《基础教育课程》《思行月刊（基础教育）》《全视界·教育》等。为了节省纸张资源和保持阅读的流畅性，本书所收录文章删去了大部分参考文献，在每篇文章末尾注明了文章始发来源，可以查阅详细的参考文献引用情况。同时，在整理书稿时，对文章又进行了一定的增删修改，少数文章和初次刊发时相比，标题有所改变，内容上也有些许出入，特此说明。

要感谢的人很多。

感谢《中国教育报》的领导和同事的鼓励支持，《中国教育报》"方向性引领　专业化服务"的核心理念及培养专家型记者编辑的导向，激励我斗胆开设了"主编漫笔"栏目，迄今已坚持四年，所幸的是迄今还没有遭遇恶评或引发重大争议（也有可能是信息不对称我没有了解到），大部分文章都曾被评为《中国教育报》月度好稿，其中《教考衔接 破旧立新》一文还被评为2022年《中国教育报》年度好稿一等奖。

感谢《中国考试》《中国德育》《中小学教材教学》等杂志的主编、编辑们，他们深厚的专业学识和一丝不苟、追根究底的态度令我钦佩。他们对文章提出的专业性修改意见，令文章更加严谨、出色，在回应疑点和交流探讨的过程中，我也获得了专业上的提升。

感谢长期以来众多专家、校长及老师们的关注关爱。文章刊发后，经常有专家和老师发来微信，或表示鼓励赞赏，或就某一问题分享交流自己的看法。他们的共情、共鸣以及"最近写了什么"的"催更"，让我不敢怠惰，只能一篇接着一篇写下去。

感谢我的夫人和儿子。最近几年，因为写作，我参与家务劳动少了，基本上是饭来张口，厨艺都大大退步了。儿子学习上遇到的一些问题给我灵感，成为我选题的来源。因为要和儿子的作息同步，只能早起晚睡，双休日、节假日也多宅在家中，还要给孩子做表率，在家里不能多玩手机、看电影，打发时间的最佳方式便是写文章或看书，于是硬生生把烧脑的写作培养成了兴趣爱好。

2014到2024，"一眨眼，又是一个十年"。这十年，基础教育改革风起云涌，其深度和广度，超出之前任何一个十年。2025年1月19日，中共中央、国务院印发了《教育强国建设规划纲要（2024—2035年）》，对加快建设教育强国做出全面系统部署，明确了九个方面的重点任务。下一个十年，是完成到2035年建成教育强国目标的关键十年。建设教育强国，基础教育是基点，我们每一个人不仅是见证者，更是建设者，我愿与广大教师们一起，跟随教育改革的时代洪流，且行且思。

汪瑞林

2025年1月20日于北京

修炼一

修德立人

导言

　　教育的根本目标是培养人。要更好地服务于这一目标，教师需要对教育有深刻的认识和崇高的价值追求。什么是好的教育，可以有很多种理解和阐释的角度，大道至简，回归本真，我们可以说，好的教育就是至真、至善、至美的教育。如何达到这样的境界？需要教师具有求真、求善、求美的意识，并从思想意识、知识储备和思维方式等方面加强修炼。教师的"师德"不仅仅体现为个体的"私德"，更体现在树立科学的教育观、人才观、评价观，以及教育教学过程中对正确价值观念进行引领。

　　为此，教师要树立课程思政意识，发挥学科育人功能，明白课程思政"是什么、为什么、怎么做"，厘清课程思政的概念内涵，从根本上认识课程思政发展的内在动力，掌握落实课程思政理念的课堂教学策略和方法；要打破常规思维定势，跟上时代潮流，发现每一个学生身上的闪光点；在利用人工智能技术赋能教学的时候，更应保持清醒头脑，守住法律红线和道德伦理底线，尊重教育教学规律和儿童成长认知规律，坚守育人为本的价值引领原则，为培养全面发展且有创新意识的时代新人服务。

推敲让教育更加"真善美"

华中师范大学"网红"教授戴建业讲解古诗词风趣幽默,令人印象深刻。他在一个小视频中谈到盛唐与中晚唐时期的诗歌风格时说:"盛唐诗歌的特点是'清水出芙蓉,天然去雕饰',没有人工痕迹。你看李白写诗——'光酣落笔摇五岳,诗成笑傲凌沧州';再看杜甫写诗——'读书破万卷,下笔如有神'。到了中晚唐时期出现了'苦吟派'。你看那个贾岛,'僧敲月下门'好呢,还是'僧推月下门'好?琢磨半天定不下来,还自鸣得意——'两句三年得,一吟双泪流',一看就没什么才气!盛唐诗人写诗都是脱口而出,不搞推敲那一套。自然美才是美的最高境界。听懂了没有?"

"推敲"这个脍炙人口的词语,就源自贾岛写《题李凝幽居》的典故。今天我们通常用推敲比喻写文章或做事时反复琢磨、仔细斟酌。

这个小视频中戴建业教授关于盛唐与中晚唐诗歌风格的评析并非严谨的学术表达,是否符合事实、讲得是否在理,那是另一个专业话题。但笔者认为,爱推敲不等于"没有才气",在教育教学过程中多推敲不丢人。教师肩负教书育人的重任,这一特殊身份决定了教师应时时保持高度的责任感,在课堂教学、师生交流、教学研讨、写文章等过程中都应仔细斟酌,精益求精,做个爱推敲、善推敲的教师。

认识推敲的三重意义

在笔者看来,推敲有三个方面的作用或意义。

以推敲求真。所谓求真，就是要符合客观事实和客观规律，保证所讲、所写内容的科学性、真实性和准确性，不能人为地夸大或缩小。毛主席在《实践论》中指出"知识的问题是一个科学问题，来不得半点的虚伪和骄傲"。教师在传授知识的过程中，表达务必准确，引述材料也应认真考证，不能满足于"大概如此"。概念背后的科学内涵是什么，适用于什么样的情境，都是需要仔细推敲和琢磨的。举个简单的例子，在日常生活中，很多人对"质量""重力""重量"这几个概念经常不加辨析地乱用，但是一字之差，在物理学上意义完全不同。在语文学习方面类似的问题更是经常遇到，两个词语看似"孪生兄弟"，如不加推敲随便乱用，就可能造成词不达意、引发歧义甚至意义完全相反的情况。比如，许多教师在应使用"情境"（如情境教学、情境化命题）一词时却常用"情景"（当然，也有一些情况下确实应该使用"情景"），还有许多老师"考察"与"考查"不分，电脑输入时哪个排在前面就用哪个。造成这样的错误，主要原因是在落笔时不过脑子，没有仔细推敲。

求真还体现在逻辑性上。"僧敲月下门"和"僧推月下门"哪个好？这种辨析本质上是看哪个词更符合生活常理的逻辑。事物之间是相互关联的，有着内在的逻辑。教师说话、做事、讲解题目、写文章时，都应先想一想表述是否合乎逻辑，论据是否充分，论证是否有力，否则就可能强词夺理。比如以前大家常对高中"以考定教"的现象进行批判，在高中新课标颁布和取消高考考试大纲之后，很多人反其道而行之，提出应"以教定考"，这个说法就颇值得推敲。《普通高中课程方案和语文等学科课程标准（2017年版2020年修订）》明确指出，课程标准对教材编写、课堂教学和考试评价起统领作用，也就是说，课程标准是教学和考试命题共同的上位依据，教学要"依标教学"，高考要"依标命题"，二者都必须服从于课程标准，应该加强彼此间的衔接，但教学和考试二者之间，则不存在谁服从谁的问题。认真推敲，厘清其间的逻辑关系，就会发现"以教定考"的说法是站不住脚的。

以推敲求善。所谓求善，就是要把握正确的价值导向，弘扬良善，传递正能量。教师的一言一行都内隐着价值倾向，会对学生产生潜移默化的影响。即使所讲内容都是客观事实，也有个当讲不当讲、适合在什么场合下讲的问题。正如首都师范大学资深教授石鸥所言："真正的善不仅体现在这些被选择的事实和事实背后的价值上，更体现在选择行为本身上。这个选择行为，就是主观的善之所在。"如何有选择地讲？背后需要推敲。比如在谈到"就义诗"时，人们常会想起一些脍炙人口的诗句，如南宋爱国诗人文天祥的"人生自古谁无死，留取丹心照汗青"，明代爱国诗人杨继盛的"浩气还太虚，丹心照千古。生平未报国，留作忠魂补"，抗日英雄吉鸿昌的"恨不抗日死，留作今日羞。国破尚如此，我何惜此头"，革命烈士夏明翰的"砍头不要紧，只要主义真。杀了夏明翰，还有后来人"，"戊戌变法"代表人物谭嗣同的"我自横刀向天笑，去留肝胆两昆仑"，等等。若单从文学性的角度看，汪精卫《慷慨篇》中的"慷慨歌燕市，从容作楚囚。引刀成一快，不负少年头"亦不逊色于上述"就义诗"中的名句。人们较少提及这首诗，不是否定其文学性，而是出于"求善"的价值选择。避而不谈并不违反"求真"的原则，教师倘若要讲，也一定要从多角度进行全面的评析，仅从单一角度出发而加以推崇显然是不合适的。教师在和学生交流对社会各种问题（如怎样看待流量明星）的看法时，在全面、客观、理性的基础上，还要考虑"善"的导向，而不能仅从个人的好恶出发。不仅如此，新时代的优秀教师更应树立传道、育人的自觉意识，遇事多思考、多推敲，想想如何主动设计、化问题为教育契机，让课堂教学、校园活动、师生交流成为润物无声的育人场域。

以推敲求美。所谓求美，就是要讲究艺术性，追求最佳的表达方式和教育效果。教育是充满艺术的活动，好的教育、好的教学必然也是美的教育、美的教学。很多教师都深有体会——好课需要打磨，"磨课"就是对课堂教学各个环节不断推敲、反思和改进的过程，也是一个求精、求美的过程。讲授同样的内容，怎样让课堂变得有活力、有张力、有吸引力、有感染力？一个非常重要的影响因素就是教学艺术和教师的人格魅力。

在对学生进行批评教育时同样需要推敲琢磨：怎样才能不伤害学生的自尊？怎样才能破解学生的逆反心理？怎样才能触动学生灵魂？出发点都是好的，采取的方式方法不一样，带来的效果可能截然不同。

教育教学的艺术性还体现在因材施教上,"甲之蜜糖,乙之砒霜"说的就是这个道理。对于不同学业基础、不同家庭背景、不同性格特点的学生,采取的教育方式也应有所不同,有时候需要把批评当表扬讲,有时候需要把表扬当鞭策说,有时候可能什么都不说比说什么都好。

大家熟知的陶行知"四块糖"的故事就是一个经典的例子。

陶行知当小学校长时,有一天看到一个学生用泥块砸自己班上的同学,当即上前叫停,并让他放学时到校长室去。放学后,陶行知来到校长室,这个学生已经等在门口了。可一见面,陶行知却掏出一块糖送给他,并说:"这是奖给你的,因为你按时来到了这里,而我却迟到了。"学生有些诧异地接过糖。随之,陶行知又掏出一块糖放到他手里,说:"这块糖也是奖给你的,因为我喊停时你立即住手了,这说明你很尊重我,我应该奖给你。"那个同学更诧异了。陶行知又掏出第三块糖塞到他手里,说:"我调查过了,你用泥块砸那些男生,是因为他们不守游戏规则,欺负女生。你砸他们,说明你很正直善良,有作斗争的勇气,应该奖励你啊!"那个同学感动极了,他流着泪后悔地说:"陶校长,你打我两下吧!我错了,他们毕竟是我的同学啊!"陶行知满意地笑了,掏出第四块糖果,说:"为你正确地认识自己的错误,我再奖给你一块糖果,我没有多的糖果了,我们的谈话也可以结束了。"

这个小故事体现了陶行知"关爱""宽容""信任""激励"的教育思想和高超的教育艺术。毫无疑问,这样的教育是温暖的、美的、直抵人心的,也是新时代优秀教师应追求的境界。

三途径培养推敲能力

教师除了要养成爱推敲的习惯,还要有善于推敲的能力。怎么成为一个善推敲的教师?笔者认为可从思想意识、知识储备和思维方式三方面加强修炼。

一是独立思考,培养质疑精神。

明代学者陈献章曰:"前辈谓学贵有疑,小疑则小进,大疑则大进。疑者，觉悟之机也，一番觉悟，一番长进。"质疑是进步之"机"，也是推敲的逻辑起点，心中有"疑"，才会认真推敲。善推敲的教师能于无疑处见疑——大家耳熟能详的观点就是正确的吗？司空见惯的现象背后是否存在违背常理的问题？名家大师的教育理论是否有值得商榷的地方？当下热门的教学改革经验和模式是否具有普适性？……培养质疑精神，就要遇事多推敲，不盲从，不迷信权威，有自己独立的思考。这种质疑不应以驳倒对方观点或推翻对方结论为预设立场，而是以追求至真、至善、至美为目标。

二是博览群书，增长知识见识。

阅读对于提升教师综合素养的重要性毋庸多言。教师只有通过多读专业教育著作，提高自身理论素养，才能敏于发现现象与本质间的关联；只有博览群书，开阔视野，才能增长见识，扩充知识"内存"。质疑是外在输入信息与个人已有认知发生碰撞、产生矛盾而生发的，个人知识越丰富，越能对各种问题和现象产生质疑。推敲的能力也是建立在丰富的知识储备基础上的，只有对某个领域比较熟悉，甚至有长期的、深入的研究，才能提出有价值的问题，进行高质量的、有理有据的辨析和推敲。

三是加强训练，提高思维品质。

从根本上讲，推敲是一种思维活动，需要掌握一定的思维方法，而有意识地进行思维训练可以提高思维品质。华东师范大学李政涛教授认为，思维品质是探究教师发展的切入点，可从清晰度、提炼度、开阔度、精细度、合理度、创新度、融通度和生长度八个方面判断教师思维品质的高低。

一个具有较高思维品质的人，能灵活、高效地调用已有知识和经验来分析问题。一个善推敲的教师，应该思维清晰而不混乱，善于抓住关键信息，敏于感知和把握细节，善于以开放、多维的视角和辩证的眼光看问题。教师应多参加辩论赛、头脑风暴和小组讨论等活动，这对于培养辩证思维、多元思维，提高思维品质很有好处。

（原载于《全视界·教育》2022年第12期）

中小学课程思政的概念内涵、发展动力及实施策略

"课程思政"是具有中国特色的本土概念,一般认为该词是2014年上海市部分高校首次提出来的,初衷在于探索解决高校思政课程与高校通识课程、专业课程之间"两张皮"的问题。此后,"课程思政"这个概念逐渐被大家所熟悉和应用。2019年3月18日,习近平总书记在学校思想政治理论课教师座谈会上发表重要讲话,他指出:"在大中小学循序渐进、螺旋式上升地开设思想政治理论课非常必要""办中国特色社会主义教育,就是要理直气壮开好思政课""要坚持显性教育和隐性教育相统一,挖掘其他课程和教学方式中蕴含的思想政治教育资源,实现全员全程全方位育人"。这为中小学课程思政的理论研究和实践探索指明了方向。自此,课程思政成为中小学课程教学改革的探索热点。

但是,不少中小学教师只是在热点的裹挟下前行,对课程思政的概念及内涵、实施课程思政的必要性、推动课程思政发展的动力因素等基本问题缺乏思考,在思想认识上存在误区;对课堂教学中如何落实课程思政理念,缺乏育人意识和融合思维,在实践路径上还存在偏差。鉴于此,围绕课程思政"是什么""为什么""怎么做"等基本问题进行反思,澄清认识误区,理清发展思路,对引导中小学课程思政沿着正确路径深入开展,具有重要意义。

准确、全面地理解中小学课程思政的内涵

在教育教学实践中，仍有不少教师对"课程思政"和"思政课程"两个概念的基本内涵认识不清。有的教师在分享实施课程思政的经验时，举的却是道德与法治课的教学案例；也有教师在思想政治课上大谈如何落实课程思政理念。

1. 课程思政的概念辨析

所谓课程思政，是指在各学科课程（思政课程也属学科课程，为表述方便，本文提及的"学科课程"均特指思政课程之外的学科课程）的课堂教学中，发掘学科课程本身所蕴含的思想政治教育元素，通过与学科知识有机融合，在教学过程中有意识地进行思想教育、价值引导、精神塑造和情感激发的教学理念和教育方式。而思政课程是一种实体课程，是学校课程体系中专门设立的思想政治理论课的简称，也是一类课程的总称，包括很多具体的细分课程。如现行义务教育阶段的道德与法治课程，高中的思想政治必修、选择性必修和选修三类课程。

课程思政不是在语数外、政史地、理化生、音体美等学科课程中插入、植入部分思政课程的内容而形成的"拼盘"，学科课程是课程思政的载体，各学科有自己的学科属性、知识体系和学科思维方法，应尊重和坚守各学科各自的学科属性，不能把学科知识与思政课程内容杂糅、嫁接，如此，只能制造出"四不像"怪物，无法发挥课程思政的应有功能。

2. 全面认识课程思政及思政元素的内涵

课程思政的核心理念是，发掘学科课程中的思政元素，经过教学设计合理融入课堂教学，达到学科育人的目的。但是长期以来，很多教师认为只有爱国主义、革命文化、马列主义、社会主义核心价值观、习近平新时代中国特色社会主义思想等相关内容才属于思政元素。这是对课程思政内涵及学科知识中蕴含的思政元素的一种片面、窄化的理解。学科课程中蕴

含的思政元素丰富且多元，所有有利于学生健全人格、必备品格、道德行为养成的，与世界观、人生观、价值观教育相关的内容，都是可发掘、可融入的思政元素，都属于课程思政的范畴。

除了意识形态色彩较浓的内容之外，学科课程中蕴含的思政元素，至少还包括如下四个方面。

一是中华优秀传统文化。中华优秀传统文化拥有悠久而灿烂的历史，是中华民族的瑰宝。传承中华优秀传统文化并将其融入学科知识教学，是新修订的义务教育各科课程标准及高中各科课程标准的共性要求。有学者认为，中华传统文化和国学经典博大精深，有学问层面和价值层面两个层面，学问层面是专家要研究的，对中小学而言，开展价值层面的教育是非常正确的选择。中华传统文化中蕴含着深刻而智慧的思想，如儒家思想的仁爱、孔孟之道的修身齐家治国平天下等。悠久而丰富的中华优秀传统文化是提升学生文化自信的基石，对培养学生的艺术修养和审美能力、塑造积极向上的人生态度等具有重要意义。各学科知识都或显性或隐性地与中华优秀传统文化存在联结点。

二是道德品质与文明修养。道德教育不只是道德与法治课程的任务，个人文明修养的提升是综合的。各学科对培养学生良好的道德品质、提升文明修养都有着独到的、不可替代的作用。比如，体育与健康学科，除了培养学生体育运动方面的知识和技能外，还肩负着培养学生体育精神与体育道德的责任。体育精神、体育道德包括顽强拼搏、坚持不懈的意志品质，还有遵守规则、尊重对手、公平竞争、互相欣赏、团队协作、文明观赛、正确面对挫折等文明修养。再如，生物学、地理、化学等学科中含有保护和建设和谐的生态环境、践行绿色低碳生活方式、建设美丽中国、担起建设人类命运共同体的责任等内容；劳动课程能引导学生树立热爱劳动、尊重劳动人民和劳动成果、勤俭节约的思想观念，自觉养成良好的行为习惯；等等。

三是科学精神与技术伦理。小学的科学课程、中学的物化生等自然科学学科，除了让学生学习科学知识，还能提升学生的科学素养，引导学生树立追求真理、坚持真理、实事求是、不迷信权威、严谨诚信的科学精神以及不怕挫折、淡泊名利、乐于奉献的科学家精神，正确认识生命、关爱生命，正确处理人与环境、人与自然的关系，树立人地协调观和辩证的唯物史观等。科学技术是事实与价值的统一体，科学具有客观真理性，也具有社会性，正确的科学伦理观念、客观事实背后的道德选择与价值判断本来就是科学知识的一部分。新的科技革命不仅改变着社会生产和消费方式，而且正在改变着社会的精神面貌，改变着人们的价值观念，从而在一定程度上打破了自然科学、社会科学与人文科学的界限。科学、技术、社会已经不是三个孤立的概念，它们连为一体，成为一个具有广泛新含义的新概念——社会性科学。

四是健康生活与时代素养。养成良好的生活方式和习惯等亦是思想教育的重要目标。如讲卫生、科学饮食、坚持科学锻炼、合理使用电子产品、保护视力健康、学会调控情绪、养成良好心态、远离黄赌毒等，是体育与健康、生物学等学科的课程目标之一；培养新时代的媒体素养，学会正确使用互联网，正确分辨网上信息真伪，学会保护隐私和尊重他人隐私，正确处理现实世界与虚拟世界的关系，防止网络沉迷等，是培养信息技术学科核心素养的应有之义。

全面认识推进课程思政深入发展的动力因素

课程思政之所以成为当下德育工作的创新突破口和中小学课程教学改革的热点，不仅仅是意识形态的要求，更有其内在的必要性、必然性。笔者认为，新时代背景下，应从三个方面认识实施课程思政的必要性，这也是推进中小学课程思政深入发展的三大动力。

1. 实施课程思政是更好地落实立德树人根本任务的必然要求

中小学教育必须贯彻落实党的教育方针，回答"培养什么人，怎样培养人，为谁培养人"的问题。每个学科的课程教学都要为落实立德树人根本任务、培养德智体美劳全面发展的社会主义建设者和接班人这一育人目标服务。然而在中小学的教学实践中，与过去高校专业课和思政课"两张皮"类似，存在着学科教学重知识、轻育人的现象，这与"三全育人"的要求不相符合。实际上，任何一门课程的教学都包含双重属性，即知识性和教育性。知识性更多体现为工具性，教育性更多体现为人文性；知识性多是显性的，教育性则多是隐性的。学科教学具有双重功能，既要传授知识，又要培养学生健全人格，引导学生树立正确价值观念。课程思政是把知识性与教育性有机结合起来的最佳方式，也是践行五育并举理念、建立五育融合的更高水平育人体系的内在要求。

2. 实施课程思政是新时代背景下培养学生核心素养的内在要求

新课程改革最重要的突破是提出了学生发展核心素养及学科核心素养的概念，以培养学生核心素养为教学改革的导向。学生发展核心素养不仅包括关键能力、必备品格，还包括正确价值观。中小学的课程教学要实现从"双基"（基本知识、基本技能）到核心素养的超越，培养学生正确的价值观至关重要。

义务教育各科课程标准、高中各科课程标准均把培养学科核心素养作为最重要的课程目标。从这个角度看，实施课程思政是落实义务教育新课标和高中新课标，践行"知识为基、能力为重、价值引领、素养导向"教学理念的内在要求。

知识具有育人价值是教育学的一条基本原理。现代知识论认为，任何知识都具有符号、逻辑和意义三种属性、三个层面。文字符号是知识的外在表征，是知识的内容维度，回答"知识是什么"；知识的逻辑维度是知识产生和获得的方法、策略、路径、过程，回答"知识怎么来"，从学科的角度说就是学科思维、学科观念、学科思想、学科方法；知识的意义向度，是潜在于知识内容和方法之中的精神和价值。"双基"时代的知识教学主要聚焦于符号层面、内容维度，而实际上，"所有的知识，不管是自然科学的还是社会科学的，都是包含有道德意义的知识，是人的世界观、人生观和价值观的构成性因素。道德是蕴含在知识中的一种价值倾向，是与知识相伴随的内在特性。这是道德教育所以存在的知识论原因"[①]。这说明知识

---

① 孙彩平，蒋海晖.知识的道德意义——兼论学科教学中道德意义的挖掘 [J]. 中小学德育，2012（10）：13-17.

的育人价值是一种客观存在,是知识内在的"灵魂"。课程思政作为一种教学理念和教学实施方式,本身并不创生知识,而是将学科知识中本来就存在的思想精神、价值观层面的内容发掘出来。一切知识都依存于特定的文化背景,都拥有内在的文化涵养,课堂教学需要表达知识的文化涵养价值,实现知识对于学生人生成长的人文价值和科学价值。知识教学务必引导学生理解和内化知识的文化要素和文化基因。"文化精神和文化价值观念是知识的灵魂,是知识的意义系统,它指向的是人类在不同实践领域处世的态度和实践的倾向性,它属于价值观层面的东西。"① 以培养学生发展核心素养为导向的课程及教学,客观上要求从知识的第一层面(符号)、第二层面(逻辑)走向第三层面(意义),而课程思政是彰显知识的意义属性的很好的方式。

换个角度,从斯宾塞提出的知识价值论来看,知识的价值包括实用价值、比较价值、训练价值和发展价值四个方面。发展价值处于最高层次,在知识的前三方面价值的基础上,对学生精神世界的全面发展起到促进作用。前三个方面的价值通过传统教学方式就能比较容易地体现出来,而发展价值则需要通过一定的方式去发掘。怀特海认为,价值判断不是自然科学的组成部分,但它们是自然科学产生动机的一部分……人们会有意识地选择自己耕耘的科学领域,这种有意识的选择即包括价值判断。这些价值可以是美学上的、道德上的抑或功利上的……没有价值判断就不会有科学。在斯宾塞的基础上,阿普尔又提出"谁的知识最有价值"。知识本身是中性的,但知识的选择是有指向性,是有价值导向的。这就为课程思政体现国家意志和意识形态提供了理论基础。

只有站在教育学和知识论的角度认清课程思政内在的学理逻辑,才能发自内心地认同课程思政理念,从理论自觉走向行动自觉。

---

① 郭元祥.论深度教学:源起、基础与理念[J].教育研究与实验,2017(3):1-11.

3. 考试评价改革对在教学中实施课程思政起到积极的推动作用

《中国高考评价体系》将高考评价的核心功能归结为立德树人、服务选才和引导教学。在这三大核心功能中，立德树人是第一位的。考试命题充分体现价值导向，已经成为新高考改革的重要特征和内在的精神主线。近年来，高考命题加大了习近平新时代中国特色社会主义思想进入试题的深度，以党的十八大以来我国社会主义现代化建设成就增强思想凝聚力，以中华优秀传统文化启智润心，引导学生成长为社会主义现代化建设中可堪大用、能担重任的栋梁之才。各科试题的情境设计，大量涉及爱国主义、劳动教育、革命文化、国家认同、国际理解、生态文明等方面的内容。特别是在高考作文命题上，价值导向体现得更为明显。

考试评价是指挥棒。具有高利害性的高考和中考，对中小学的课程教学具有反拨作用。高考、中考改革引导课堂教学改革，使教学改革与高考、中考改革同向同行。高考、中考更加注重意识形态和价值观念的考查，对于学校在课程教学中落实课程思政理念客观上起到了正向的引导作用。

综上，在中小学课程教学中落实课程思政理念，不仅是党的教育方针政策的要求，同时符合内在的学理逻辑，具有内生动力。考教衔接下的高考、中考改革客观上对课程思政理念的落实起到了积极的助推作用。政策要求、学理逻辑、评价导向三方面形成合力，使课程思政理念得到广泛认同，形成持续探索热潮，在教育教学过程中扎根、生长。

科学把握落实课程思政理念的课堂教学策略与方法

很多教师在落实课程思政理念时不知从何下手，或是胡子眉毛一把抓。这样的情况说明，实施课程思政，不仅需要在理论层面认识到位，还需学会相应的课堂教学策略和方法。要从相关政策和文件中找到理论依据，明确"该做什么"，更要结合各学科具体内容，深入发掘其中的思政元素，探索学科知识与思政元素的融合方式。

在具体的课堂教学策略与方法上,笔者提出四点建议。

1. 从课标要求出发,把握方向

各科课程标准规定了本学科的课程目标、课程内容、实施方式以及评价方式等,这是开展学科教学的基本依据。现行的《普通高中课程方案和语文等学科课程标准(2017年版2020年修订)》和《义务教育课程方案和课程标准(2022年版)》分别在"学科核心素养与课程目标"及"课程目标"部分凝练了各门课程的学科核心素养。教师应仔细研读所执教学科的课程标准,看看本学科核心素养暗含哪些方面和维度的思政元素,适合以什么样的方式去培养和落实。比如《普通高中体育与健康课程标准(2017年版2020年修订)》提出,体育与健康的学科核心素养是培养学生的运动能力、健康行为和体育品德。体育品德包括体育精神、体育道德和体育品格三个方面。体育精神、体育道德和体育品格的培养,就是体育与健康学科践行课程思政理念的着眼点,这些细分的学科核心素养要求,为教学提供了具体的方向指引。

研究各科课程标准提出的课程目标及学科核心素养,是实施课程思政的第一步,明确了各学科课程思政的着力点,纲举目张,方能形成课程思政的"目标—内容—方法"体系。

2. 找准学科知识点,自然融入

实施课程思政的最佳境界是盐溶于水、润物无声。教师在学科教学中要有课程思政意识,主动与思政元素的细分维度对标,发掘学科知识中隐含的育人价值,找准切入点,在教学时有意识地补充一些富含思政元素的素材,但是一定要坚持能融则融的原则,切忌牵强附会。这是教学中的难点,对教师的专业素养提出了很高的要求,需要教师发挥创造性,使思政元素的融入顺理成章、水到渠成。

学科知识与思政元素的融合,有一定的思路可循:一是将学科知识与学生生活、国内外热点新闻事件建立链接,把身边发生的人和事、新近发生的国内外大事引入课堂,当作鲜活的教材,发掘其教育意义。二是打破学科壁垒，加强学科内部及跨学科整合，让学生建立起对某个问题的全面认知。三是以更开阔的视野，促进科技与人文交融，避免科学知识教育陷入功利主义泥沼，以培养学生的完整人格。不管是哪个层面的融合，都要在坚守学科知识自身属性的前提下进行融合，不能为融合而融合。

3. 创设真实情境，深化认知

实施课程思政要摈弃照本宣科、居高临下地空洞说教的教学方式，最佳方法就是创设情境，让学生在情境中思辨、体悟，进而让正确的价值观念沁润学生心灵。

教学情境主要包括生活体验情境和学科探索情境两大类。教师在围绕某一知识点创设教学情境时，往往可发掘的角度、可选择的素材及媒介资源很多。课程思政视域下的情境创设，在求真（科学、客观、真实）的基础上应凸显求善的导向。教师在创设情境时不妨先自问一下为何要创设这个情境（而不是创设另外的情境），在此基础上再进行教学设计。以小学数学为例，教师在讲授"轴对称"这一部分内容时，往往会创设情境，让学生走出课堂去寻找，或联系生活实际说说自己见过的轴对称图形并寻找其对称轴，也会展示很多实物图片让学生辨别。以建筑物而言，天安门城楼、天坛就是典型的轴对称图形，教师可以此为例，引导学生从美学和中国传统文化的角度思考"中国古代建筑为什么大多数是对称的"，从而激发学生学习中国传统文化的兴趣。教师在创设情境时，头脑中时时要有课程思政这根弦，不仅要主动思考、发掘情境素材的正向育人价值，而且要避免情境创设不当而带来的负面效应。教师在实际教学中，有时候会出现考虑不周全、顾此失彼的情况，无意中创设出存在性别歧视、地域歧视或违反《未成年人保护法》、崇洋媚外、侵犯个人隐私、淡化国家安全意识和主权意识等方面问题的情境，结果适得其反，这是应该高度警惕的。

4. 开展跨学科主题学习，综合推进

与学科知识融合是落实课程思政理念的重要方式，跨学科主题学习是落实课程思政理念的应有之义。多学科整合，有助于拓展学生的视野和思

维，让学生对某一问题形成更全面、更系统、更深刻的认识。《义务教育课程方案和课程标准（2022年版）》特别强调跨学科主题学习的重要意义，提出："基于核心素养培养要求，明确课程内容选什么、选多少，注重与学生经验、社会生活的关联，加强课程内容的内在联系，突出课程内容结构化，探索主题、项目、任务等内容组织方式。原则上，各门学科用不少于10%的课时设计跨学科主题学习。"

以跨学科主题学习落实课程思政，需要强化理论与实际的联系，让学生在做中学、做中悟。教师应精心设计主题，以价值观教育为内在主线，以项目式学习的方式让学生综合运用各学科知识解决实际问题，并在此过程中受到先进思想和精神的启迪。

跨学科主题学习可以围绕引发社会大众关注的重大事件展开，还可以围绕当下的国内外时事政治和热点事件展开。在学习和研究过程中，学生除了能学习到多方面的自然科学知识和探究方法，还会受到科学精神、科学伦理、生态文明思想、公平与正义、社会责任感、诚信与自律等方面的思想教育。在这样的跨学科主题学习中落实课程思政理念，会取得比单学科推进更好的效果。

（原载于《中国德育》2024年第8期，作者署名：汪瑞林、王捷）

教师如何打破思维定势

最近读到一个故事,让我很受启发。

有一天,一个汽车修理工对科普作家阿西莫夫说:"嘿,博士,我来考考你的智力。"阿西莫夫点头同意。修理工说:"有个聋哑人到五金商店,想买几根钉子。他向售货员比了一个手势:左手食指立在柜台上,右手握拳做敲击状。售货员给他拿来一把锤子。聋哑人摇摇头,售货员马上明白了,他是要买钉子。聋哑人买到钉子后满意地走出商店。接着走进来一个盲人,他想买一把剪刀,请问他应该怎么做?""盲人肯定会这样做——"阿西莫夫伸出食指和中指,比画出剪刀的形状。汽车修理工笑了:"盲人开口说就行了。"阿西莫夫红着脸说:"思维定势太可怕了。"

思维定势是个心理学概念,是指由先前的活动造成的一种特殊的心理状态或活动的倾向性,它对人的感知、记忆、思维、情感等心理活动和行为起着正向的或反向的推动作用。在环境不变的条件下,思维定势使人能够应用已掌握的方法迅速解决问题。而在情境发生变化时,它则会妨碍人采用新的方法。由此可见,思维定势有利有弊,但是从现实生活来看,思维定势的弊远大于利。

思维定势又称"惯性思维",惯性是事物所具有的保持自身原有运动状态的性质。人的思维也有惯性,每个人都有陷入思维定势的时候,教师也不例外。教师的思维定势是如何形成的,又该如何打破思维定势呢?

打破隐秘的预设前提

多年前看过一道脑筋急转弯的题目，一直记着以警醒自己："在一个文明的城市里，一位老奶奶上了公交车，却没有一个人给她让座，请问为什么？"笔者曾拿这道题做了一个小测试，结果很多朋友"上套"了，给出了很多复杂的答案以及各自的理由。因为过往的生活经验告诉他们：公交车上通常很拥挤，很多乘客没有座位，见到"老幼病残孕"理当让座。于是他们在思考这一问题时脑子里就有了一个预设前提：公交车上没有空余座位。这个预设前提条件不是题目给的，而是回答者自己设定的。

这就是一种思维定势。

这种自我设定的前提往往与过往生活经验以及所受的宣传教育相关，比较隐秘，自己通常难以意识到。很多相声、小品、段子就是用这种思维定势把人"带进沟里"，通过隐秘的预设前提与现实结果的巨大反差引发幽默的效果。教师在教学过程中，也可能会不自觉地设置某种前提，当环境、实际情况发生变化了，还在沿用"通常"情形下的做法。久而久之，这样的思维定势会让教师的思维和视野越来越狭窄，不能考虑到更全面的情况和更多可能性。

因此，教师在进行每个教学决策时，不妨先问问自己：我是否陷入了某种先入为主的假设？这种假设是否符合实际情况？比如过去有很多学生在幼儿园时学过识字、识数，有较好的基础，所以小学一年级教师对此不太重视，但是近年来，随着幼儿园"小学化"倾向得到扭转、家长素质教育观念的增强，大部分学生在幼儿园时没怎么学过识字、识数。如果教师还从"学生已经学过、基础很好"的固有认知出发，做出的教学选择自然与学生的实际状况以及新课程标准"零起点教学""应教尽教"的要求存在偏差。

教师在教学时，应以"一切皆有可能"为出发点，尽量想到各种可能性，而不应把某一种可能（哪怕是经常出现、符合大多数人的情况）作为预设前提。只有打破隐秘的预设前提，才能消除认知盲区，教学才可能更加全面，更加丰富多样，更有活力和创造性。

打破过往经验的桎梏

ChatGPT 的问世，在教育圈引起了极大的震撼。"Chat"即聊天的意思，"GPT"是 Generative Pre-trained Transformer 的缩写，意为"生成式预训练转换器"。从这个名词就可以看出来，人工智能是基于过去的大数据信息训练来生成答案的。尽管人工智能的回答令人惊艳，但是研究专家发现（笔者本人亦有同感），有时候人工智能也会"一本正经地胡说八道"。一些教师也发现，ChatGPT 写出的高考命题作文，思路清晰、逻辑性强，但是缺乏个性和特色，没有什么创新亮点。笔者曾围绕某个问题反复向某人工智能工具提问，发现其回答有着明显的"套路"和"格式"。因为人工智能是基于过去的数据信息（相当于人类过去的经验）进行分析判断的，所以也有思维定势，至少现阶段的人工智能确实体现出这样的特性。

经验对于教师来说是一柄双刃剑。按常理来讲，教师的教学经验越丰富越好，丰富的经验有助于教师提高教学效率，处理起各种情况更加游刃有余，但是，如果不能以反思的态度对待经验，过于倚重过去的经验，就可能形成思维定势。这种思维定势会让他们不愿走出"轻车熟路"的舒适区，消解了教师创新求变的动力，更有可能形成教学"套路"和"模式"，不能适应时代的变化发展，在推进课程教学改革时难以切换轨道，或总是比别人慢半拍。比如有些教师以前用题海战术指导学生复习备考效果很好，但在新高考和中考改革背景下，考查思路和题型变了，他们还是沿用过去的老办法，复习备考效果就越来越差。再比如，以前学生获取知识和信息的渠道比较单一，随着移动互联网等信息技术的普及，现在学生获取信息的渠道大大拓展，学生通过网络可以自学很多东西，知识面很广，而有些教师把今天的学生当作过去的学生教，在课堂上满堂灌，不注重思维能力培养，话语表达跟不上时代变化，学生自然提不起兴趣。

打破过往经验的桎梏，要求教师具有反思精神、创新精神，批判性地对待经验，同时树立终身学习的理念，不断学习新知识，重组自己的知识结构。只有与时俱进，不断吸收新思想、新理念，才能跳出固化经验的窠臼。

打破刻板僵化的印象

一提到《西游记》中的人物，大家都认为沙僧吃苦耐劳、任劳任怨，因为大家从电视上看到，总是沙僧在挑着行李担子。其实猪八戒也没少挑担，《西游记》第44回讲猪八戒为了挑担，"把平日肩上扛的钉耙横在腰间，担着担子费劲儿地往前走"。第100回讲唐太宗宴请唐僧师徒，唐僧在介绍猪八戒时称其"挑担有力，涉水有功"。最终猪八戒因"挑担有功"而被封为净坛使者。但是在大家印象中，猪八戒总是好吃懒做、拈轻怕重，这样的形象太深入人心，以至于大家记不起他也有勤恳、忠厚的一面。

这也是一种思维定势。

人往往是多面的、复杂的。我们不能以偏概全，因为几件事而对某人形成固化的看法和僵化的印象，也不能只看到主角的光环而看不到其他人的优点，或只看到团体成员中某个人的贡献而忽视其他人的贡献。

教师在教育教学过程中，也会有这方面的问题，比如有些教师因为学生某门功课几次没考好，就认为他不擅长逻辑思维或形象思维，不适于学某学科，并在学业发展指导过程中无意识地流露出来。这实际上就是一种惯性思维，对于鼓励学生发掘潜能、多元发展、个性发展是不利的。

有些教师在上课时总是喜欢点名少数几个学生回答问题，这里面固然存在缺乏面向全体学生的教育观念等思想认识上的问题，也可能是受到思维定势的影响。因为某学生几次回答得好，教师就形成了一种印象，认为某类问题只有他回答得好，以至于以后遇到类似问题，便习惯性地点名让他来回答，其他学生受到冷落，积极性自然会受到挫伤。

一些班主任在教育学生过程中也可能犯同样的毛病。在教师的眼中，平时表现好的学生，优点被放大，而遇上一些违反纪律的事情，就会不自觉地想，这可能是某学生干的，因为他平时就爱调皮捣蛋。这样的思维定势，会一叶障目，阻碍教师发现每个学生身上的闪光点进而激发其潜能，也可能因此而"冤枉好人"。说到底，这都是思维定势在作祟。

打破这种刻板僵化的印象造成的思维定势，要求教师时时提醒自己，以动态的发展的眼光看人看事，要参考过去也要注重当下，具体问题具体分析，更要能敏锐地发现惯常下的反常，因为那往往是问题所在或教育价值所在。

（原载于《中华读书报》2024年9月18日第18版）

如何为人工智能赋"魂"

随着 ChatGPT 和 Sora 的横空出世，人工智能成为加速推进新一轮科技革命和产业变革的引擎。人工智能的应用为推动人才培养模式和教学方法改革、构建新型教育体系提供了新的动力和创新路径。2024 年 3 月，教育部启动人工智能赋能教育行动，提出要促进智能技术与教育教学、科学研究等深度融合，为学习型社会、智能教育和数字技术发展提供有效的行动支撑。如何利用人工智能为教育教学赋能，成为教育界热议的话题和研究课题。

2024 年 11 月 30 日至 12 月 1 日在天津召开的第四届中国基础教育论坛校长分论坛上，华东师范大学李政涛教授在专题报告中提出："我们要研究人工智能如何为教育赋能，更要研究如何为人工智能赋'魂'。"

对于这一观点，笔者深以为然。

目前的人工智能是没有自主意识的，尽管科学家们一直在朝这个方向努力，但至少在目前，人工智能是不具备独立思考能力和价值判断能力的，也就是说，人工智能自身是没有"魂"的。但我们在利用人工智能改造课堂教学、利用人工智能为教育服务时，是带有一定的目标和价值追求的。这个目标和价值追求就是人工智能的"魂"。人工智能没有自主价值判断能力而人有，人工智能深度融合下的教育变革，它的"魂"实际上就是教育者的"魂"。

人工智能融合背景下的教育"魂"是什么？我们该如何为人工智能赋"魂"？笔者认为，应从三个方面去思考和把握。

守住底线,铸牢伦理之"魂"

人工智能技术是一把双刃剑,一方面,它在提高教与学的效率、促进教育优质均衡发展、培养适应未来社会需求的创新型人才方面发挥着重要作用;另一方面,应用过程中也可能带来一系列道德与伦理风险,甚至可能催生违法犯罪现象。人工智能技术是基于数据和算法的,而数据和算法在设计与应用过程中存在违背道德和技术伦理的可能。比如现在很多学校在教室里安装摄像头或通过人工智能感知软件,捕捉学生学习过程中的多模态信息数据,对学生大脑反应情况及学习状况进行分析,这一过程中可能存在数据过分收集、造成学生心理乃至身体不适等问题;在数据处理过程中,还可能造成敏感数据信息泄露、侵犯学生个人隐私权,甚至数据被不法分子利用等问题。

算法是设计者主观判断和价值理念的映射,如果在算法设计时被植入功利的教育政绩观,则可能导致教育形式化、学习路径被算法绑架而变得机械刻板、教育丧失人文色彩而陷入"唯数字化"的泥沼等问题。人工智能还可能生成包含意识形态偏见的文本,带来意识形态安全风险;可能为抄袭、剽窃等学术不端行为和"刷课""替考"等舞弊行为大开方便之门……人工智能技术和其他技术一样具有自然科学的客观性,其利弊效应取决于人的观念,故而在构建底层逻辑、输入数据进行大模型训练、进行"人工智能+教育"相关产品算法设计时,必须牢牢守住法律法规红线和伦理道德底线,铸牢伦理之"魂"。

尊重规律,锻造科学之"魂"

人工智能技术的应用可以提高课堂教学的效率与效果,但是这个"提高"是有前提的——必须遵循儿童认知规律和教育教学规律。

儿童在成长过程中,其思维和认知是按照一定的顺序与阶段逐步发展的,从直观的动作思维到具体的形象思维,再到抽象的逻辑思维,体现出阶段性、顺序性、连续性、差异性特征。人工智能技术再强大，也不能揠苗助长。尽管从生物进化论的角度看，工具的使用可以影响人类智力的发展，但那是一个漫长的过程，在个体身上几乎可以忽略不计。"人工催熟"可能会带来识字、计算能力的提升和考试成绩的提高等短期收益，但也容易造成儿童认知过载，影响其正常发育成长，扰乱学习应有的节奏，对于学生的长远发展、可持续发展更是有害无益。

教育教学是一门科学，有其内在规律性。比如要遵循简约性规律，不能忽视来自生活的直接经验，做到直接经验与间接经验（书本知识）相结合；遵循发展性规律，掌握知识和发展能力互相促进，做到知情意行相协调；遵循教育性规律，学科知识传授与学科育人相融合；遵循合作性规律，教师主导性与学生主体性相统一，师生互动教学相长。抛开这些规律进行教学改革、技术革新，都是失之偏颇的，难以实现培养高素质人才的目标。在遵循这些教育教学基本规律的前提下，我们还应积极思考如何利用人工智能技术手段使当下的教学更加符合教育教学规律，比如利用人工智能技术进行个性化学习诊断和个性化作业推送，可以克服现实中很多因素的制约，使因材施教理念更好地得以落实。总之，在利用人工智能技术时，必须尊重规律、顺应规律，锻造科学之"魂"。

育人为本，内塑价值之"魂"

教育教学的落脚点是育人。人工智能背景下的教育，同样要回答"培养什么人、怎样培养人、为谁培养人"的问题，服务于落实立德树人根本任务、促进学生德智体美劳全面发展这一目标，因此，强化其价值引领功能至关重要。

人工智能赋能教学，其价值引领体现在哪些方面，或者说应在哪些方向着力？

首先，应在引领学生全面发展上着力。人工智能技术的应用，极大地拓展和丰富了体育、美育、劳动教育的实践情境和场域，亦有利于实施过程性评价和增值性评价，助力改变体育、美育、劳动教育被弱化的状况，补齐"五育"并举的短板。其次，应在引领素质教育发展上着力。人工智能应为扭转应试教育倾向、培养学生核心素养提供创新工具和路径，而不是被打造成"提分"的利器，加剧教育"内卷"。最后，应在培养学生自主学习和独立思考能力上着力。人工智能应为拔尖创新人才培养助力，激发学生的好奇心，培养学生的质疑精神和创新意识，而不是以人工智能替代人脑思考，让学生形成思维惰性，时时处处依赖人工智能。人工智能要为培养全面发展且有创造力的时代新人服务，必须内塑价值之"魂"。

在教育教学过程中，人工智能的"魂"与"能"犹如人的"德"与"才"。以"魂"驭"能"，方能在正确的轨道上加速前进，培养德才兼备之人。我们在利用人工智能为教育赋"能"之前，应该先思考如何为人工智能赋"魂"。

（原载于《中国教育报》2025年1月10日第5版"主编漫笔"栏目）

破立结合　树立正确的考试评价观

习近平总书记强调:"要在全社会树立科学的人才观、成才观、教育观,加快扭转教育功利化倾向,形成健康的教育环境和生态。"具有指挥棒功能的考试评价改革,对于营造良好的教育环境和生态至关重要。

考试是一种教育活动,是教育测量与评价的重要工具,同时又是一种社会活动。特别是具有高利害性的高考,与政治、经济、文化相互作用,有着广泛的社会影响。只有全社会形成合力,才能让正确的考试评价观成为社会主流价值观念,让高考及各类考试回归其本质功能。树立正确的考试评价观,是一个"破"与"立"辩证统一、相互促进的过程,"破"是为了更好地"立"。俗话说得好——"旧的不去新的不来",但"破"不是"立"的前提条件,也可以"先立后破","立"有助于更好地"破"。正如毛泽东同志所说:"宣传思想阵地,正确的思想不去占领,错误的思想就会去占领……"

推进新时代教育评价改革,需要牢固树立与考试评价密切相关的正确观念,以"立"促"破"。

破除唯升学和"状元"崇拜观念,树立正确的教育政绩观

2020年10月,中共中央、国务院印发的《深化新时代教育评价改革总体方案》明确指出,不得下达升学指标或以中高考升学率考核下一级党

委和政府、教育部门、学校和教师，不得将升学率与学校工程项目、经费分配、评优评先等挂钩，不得通过任何形式以中高考成绩为标准奖励教师和学生，严禁公布、宣传、炒作中高考"状元"和升学率。2021年12月，教育部颁布的《普通高中学校办学质量评价指南》，也特别强调了这一点。但是每年到了高考季，总是有一些校长、教育局局长因高考成绩不佳而被上级主管领导约谈。据媒体报道，有些市、县召开高考总结大会，专门把会场第一排座位留给高考排名倒数的局长或校长，甚至要求排名倒数的局长、校长作检讨。这种做法背后是政府及教育行政部门负责人唯分数、唯升学、崇拜"状元"的教育政绩观。破除之策就是坚决做到有规必依——将《深化新时代教育评价改革总体方案》和《普通高中学校办学质量评价指南》的落实情况作为各级教育督导的重点内容，依法依规对相关责任人员严肃处理。

"破"的同时，我们更应思考：如何让科学的教育政绩观和办学质量评价观"立"起来，为教育质量评价多提供几把"标尺"？《普通高中学校办学质量评价指南》提出，要加快建立以发展素质教育为导向的普通高中学校办学质量评价体系，正确处理考试升学与发展素质教育的关系；同时，还从"办学方向、课程教学、教师发展、学校管理、学生发展"五个方面提出了18项关键指标和48个考查要点，为高中办学质量评价和教师教学质量评价提供了科学依据。

树立科学的教育政绩观，还应正视不同学校生源状况的差异，重视增值评价。只要学生在校期间各方面取得长足进步，就应该充分肯定学校的办学成绩、教学成绩。只有把素质教育成果、学校特色发展业绩摆到与高考同等重要的位置，才能拨乱反正，让学校、教师从高考排名的绑架中解放出来。

破除对高考功能的片面认识，树立全面的学生评价观

高考本质上是育人过程的一个环节。在新时代，高考已经由单纯的考试评价工具发展成为促进学生全面发展的载体。《中国高考评价体系》将

高考的核心功能归结为立德树人、服务选才和引导教学三个方面，而社会大众往往仅关注高考作为高校录取依据的服务选才功能。"朝为田舍郎，暮登天子堂"等中国古代科举制度下形成的学而优则仕、读书做官等考试文化观念，更是窄化了对高考本质和核心功能的理解。建立在对高考功能片面理解基础上的学生发展评价，必然会偏离立德树人、促进学生全面发展的育人目标。

树立全面的学生发展评价观，在评价内容上，应围绕《普通高中学校办学质量评价指南》提出的"品德发展、学业发展、身心健康、艺术素养、劳动实践"五项关键指标，对学生进行多维、全面的评价，不能唯"智"独尊；在评价方式上，应"改进结果评价，强化过程评价，探索增值评价，健全综合评价"，注重面向未来，发掘学生发展潜力，不能仅凭考试成绩，为学生贴上"优、中、差"的标签。

加强综合素质评价，让综合素质评价在高校录取中实实在在起到"参考"的作用，是破除单一维度（考试成绩）学生发展观的一个突破口。目前，在"强基计划"等招生类型中，已经开始参考使用学生的综合素质评价，推动由"终结性评价"向"过程性评价"转变。下一步，应进一步提高综合素质评价的科学性、实效性，让其成为撬动教育评价改革的杠杆，推动过程评价和增值评价改革。

破除"分数至上"的狭隘观念，树立持续发展的科学成才观

有些学生考上大学后缺乏学习动力和发展后劲，消极怠惰、迷失自我，多数是对学业发展缺乏科学规划造成的。他们受"分数至上""一考定终身"等观念的影响，忽视个人的性格特征、能力特长、兴趣志向和社会发展需求，力求"分尽其用"，将志愿填报视为分数与高校和专业的机械匹配，把考高分、上名校与成功成才画上等号。这种狭隘的、急功近利的学业发展观和成才观，对一个人的长远发展是非常不利的。

高考成绩只是一个阶段学习成效的检测结果。在终身学习型社会，高

考无论成败都不可能"一考定终身"。高考综合改革为学生提供了更多选考科目组合，无论是高一面临选学选考还是高三面临专业与高校的选择，都不应该把考试分数视为抉择的唯一参考因素。学生要有重视学业发展和生涯规划的自觉意识与紧迫感。学校也应加强相关指导，帮助学生正确认识自我，找准未来发展方向。学生及家长在高校和专业的选择上，要有理性的思考，不盲目、不盲从，志存高远、胸怀大局，树立为理想而努力、为中华民族伟大复兴而奋斗的科学成才观，将个人成长与时代潮流、国家发展需求结合起来。只有这样，才能让高考成为新的起点，为人生的持续发展奠定坚实基础。

（原载于《中国教育报》2023年6月14日第2版"深度评论"栏目）

修炼二

教学进阶

导言

　　课堂教学是教师的核心工作，教学能力是教师的核心能力。素养时代的教师应具备怎样的教学观念和教学能力？一言以蔽之，就是要从知识为本的教学走向素养为本的教育，实现这一教学能力的转变与进阶，需要深度修炼。

　　《义务教育课程方案和课程标准（2022年版）》和《普通高中课程方案和语文等学科课程标准（2017年版2020年修订）》为今后一个时期课程教学改革提供了方向指引和基本遵循。新课标有何特点？怎样把新课标的理念创造性转化和落实到课堂教学中？深研课标是实现教学观念与能力进阶的前提，必须静下心，下一番功夫，不能走马观花。当下的课程教学改革，体现出情境性、综合性、开放性、实践性等鲜明特征，如何建立起相应的教学方法体系，形成稳定的教学风格？这既是科学又是艺术，值得深入研究。在学习研究新的理论和教学模式的同时，我们不能忽视一些教育名家的传统教育思想，要结合新时代背景，正确理解其思想精髓，并将其迁移应用过来，指导今天的教学改革实践。教学理念和能力的进阶，是一个继往开来、守正创新的过程。

创造性转化与落实新课标

《义务教育课程方案和课程标准（2022年版）》正式颁布后，各地教科研部门和学校高度重视，举办了一系列学习、培训活动，解读新课标，落实新课标。这是非常重要且必要的，但要防止"陷在课标里"，不能机械地把课标的一些文本表述照抄照搬用到课堂教学中。对于新课标，不仅要"学原文"，还要"悟原理"，更要进行深入细化的研究，创造性地转化与落实到教学实践中。如何创造性转化与落实新课标呢？笔者认为要做到四点。

一是以忠于育人目标为前提。课程方案和课程标准是国家教育方针政策在课程教学领域的体现，回答了"培养什么人、怎样培养人、为谁培养人"这一根本问题。新课标最重大的变化是从学科本位走向育人本位，提出核心素养导向，强调学科知识的育人功能，以此重构课程教学内容，重建教与学的关系，从而更好地落实立德树人根本任务，促进学生德智体美劳全面发展。每门学科的课程教学必须以新课标的核心理念和育人目标为纲，思考本学科教学对于提升学生核心素养和整体育人的贡献。新课标中提出的课程设置、课程内容及学业质量标准，是学校开展教学的基本遵循，必须依标开齐开足课程，依标开展教学，依标进行考试命题。

二是进行目标分解与转化。各科课标提出了本学科的课程理念、课程目标和分学段要求以及学科核心素养。一些教师在备课时，直接把课标中相关目标和要求拷贝下来，作为本节课的教学目标，甚至很多教师在执教公开课、示范课时也是这样做的。而实际上，课程目标不等于教学目标。用华东师范大学崔允漷教授的话来说，课程目标是"看得见的风景"，教学目标则是"走得到的景点"。教师在教学时应结合具体教学内容将上位的、综合的课程目标和学科核心素养要求转化为细化的、可操作的、有教学资源支撑的、可评价的教学目标，并据此设计可测评的表现性任务，以防止教学目标设计的形式化、表面化。一个个教学目标落实到位，课程目标和学科核心素养要求自然也就实现了。

三是既要悟"道"，又要研"术"。新课标提出了许多新理念，比如大观念教学、学科实践、跨学科主题学习等等。教师要深入学习、深刻理解这些新理念的内涵和学理基础，搞清楚"是什么""为什么"的问题，但仅止于此还不够，还要知道"如何做"。明理悟"道"固然重要，但没有"术"的创新突破，"道"就容易流于空泛，无法真正落实到课堂教学中去。事实上，对于学习任务群教学、大单元教学、跨学科主题学习等，各学科的课标仅在有限篇幅里提出要求，作了简要的阐释，至于具体如何操作，则需要广大教师和教科研人员开展深入的专题研究和实践探索，不断积累经验，形成成熟的教学范式。比如，新课标提出"各门课程用不少于10%的课时开展跨学科主题学习"，跨学科主题学习有哪些类型和表现形式？主题如何确定？"跨度"大小如何把握？学习效果如何评价？许多问题有待探索，光有理论指导还不够，只有下水扑腾一番才能学会游泳。在这些方面，新课标为教学实践留下了极大的创生空间，也非常考验教师的创新意识和综合能力。

四是灵活变通因材施教。新课标针对教学、评价、教研、教材开发、教学资源利用都提出了相关"提示"和"建议"，甚至给出了一些教学示例。这些"提示""建议"经过反复的讨论修订，体现了课标修订专家团队的集体智慧，值得认真学习、领悟、吸收、应用，但是在实践过程中要灵活变通，切不可刻舟求剑。不同学校、不同教师应因时因地制宜，以三隅反，根据各科课标中"建议""提示"指引的方向，采取最适合本校、本人的方式方法，创造性整合利用教学资源，因材施教，彰显个性化特色和风格，从而避免教学的僵化与模式化。

（原载于《中国教育报》2023年9月15日第5版"主编漫笔"栏目）

义务教育新课标的五大指向

在 2001 年颁布的《义务教育课程设置实验方案》和 2011 年颁布的义务教育课程标准的基础上，2019 年 1 月教育部启动义务教育课程的修订工作。2022 年 4 月，义务教育课程方案和语文等 16 个课程标准正式颁布。2022 年秋季学期，新修订的义务教育课程标准将进入实施阶段。

课程方案和课程标准承载着党的教育方针和教育思想，是学校开展教育教学活动的基本依据，具有极为重要的意义。该如何理解义务教育新课程的"新"？新方案和新课标"新"在何处？义务教育新课程方案和课程标准颁布后，许多专家学者，包括参与课标修订的专家进行了一系列的深入解读。笔者想从教育专业媒体人的视角谈一下学习心得。

新方案新课标并非"从天而降"

与此前的课程方案和课程标准相比，2022 年版的课程方案和课程标准反映了新时代的发展，体现了新时代的要求，在课程的育人目标、体系结构、内容组织、实施指导等方面有很多变化。从这个角度看，新方案新课标确实是一个新事物，一线教师必须高度重视，认真学习，把握正确方向，依据课标实施教学及开展学业评价。

但是，从另一个角度看，新方案新课标又不是一个"从天而降"的新事物。之所以这样说，一方面是因为它是在 2001 年颁布的《义务教育课程设置实验方案》和 2011 年颁布的义务教育课程标准的基础上进行修订的，同时许多方面借鉴了先于义务教育课程方案和课程标准颁布的高中课程方案和课程标准（2017年版2020年修订）的经验；另一方面，义务教育新方案新课标中许多新的内容看起来并不陌生，因为其源头或曰时间上的"起点"比新方案新课标的颁布更早。

新课标的一些重大的理念变化，比如以核心素养为统领的理念，在新课标颁布之前已见诸若干重要文件。比如在2014年颁布的教育部《关于全面深化课程改革落实立德树人根本任务的意见》这一纲领性文件中，就提出："教育部将组织研究提出各学段学生发展核心素养体系，明确学生应具备的适应终身发展和社会发展需要的必备品格和关键能力，突出强调个人修养、社会关爱、家国情怀，更加注重自主发展、合作参与、创新实践。研究制订中小学各学科学业质量标准和高等学校相关学科专业类教学质量国家标准，根据核心素养体系，明确学生完成不同学段、不同年级、不同学科学习内容后应该达到的程度要求，指导教师准确把握教学的深度和广度，使考试评价更加准确反映人才培养要求。"这是国家课程改革重要文件中首次明确使用"核心素养"一词，还明确提出要研究制订中小学各学科的学业质量标准。其后，2017年，北京师范大学林崇德教授领衔完成的《中国学生发展核心素养研究报告》发布，"核心素养"随即成为大众耳熟能详的热点词汇，有关核心素养的理论研究和实践探索如同雨后春笋般蓬勃发展，一批学校已取得较为成熟的经验。

还有一些课程设置方面的改革，比如新方案规定"整合小学原品德与生活、品德与社会和初中原思想品德为'道德与法治'"，而实际上，从2016年秋季学期开始，小学的品德与生活、品德与社会，初中的思想品德已统一改为道德与法治课程，并编写、使用了统编教材。因为《义务教育课程设置实验方案》自2001年一直使用至2022年，根据需要只能采取实践先行的策略。课程标准是带有法规性质的课程活动纲领、准则，经过课标这一权威文件的认定，道德与法治课程的调整设置就具有了名正言顺的法理基础。

除此之外，新课标提到的一些教学方面的指导意见，许多学校已开展相关探索。从这个意义上讲，新方案新课标不是一个横空出世、另起炉灶的新体系，落实新课标既有理论基础，也有实践基础，因此一线教师大可不必感到紧张焦虑。

新课标是一个三位一体的标准

新课标归根结底是一个什么标准？站在不同层面和角度可以作出不同的解读，而且随着时代的发展，新课标的具体功能和作用也在发展变化。

从宏观层面看，新课标是立德树人根本任务、五育并举教育方针的具体化，是国家意志在基础教育领域的直接体现，提供了回答"为谁培养人，培养什么人，怎样培养人"这一根本问题的课程教学解决方案。

从微观层面看，新课标关系到学校的办学、教师的教学和学生的成长，为课堂教学、学生学习和考试评价提供了基本规范和目标要求，是课堂教学的"根本大法"。新方案指出："国家课程标准规定课程性质、课程理念、课程目标、课程内容、学业质量和课程实施等，是教材编写、教学、考试评价以及课程实施管理的直接依据。"课程性质、课程理念、课程目标、课程内容、学业质量和课程实施这六个板块的内容，是新课标文本的主体，涉及教、学、评三个方面。从这个角度看，新课标实际上是一个三位一体的标准。

首先，它是教学内容的标准。知识是课程的内核，是核心素养形成的载体，强调核心素养并不是忽视知识。课标规定了每门学科应该学习的知识内容，这是教师"教什么"和学生"学什么"的依据，是每个时期课标最基本的功能。"双减"政策亦要求依据课标开展教学，做到应教尽教。

其次，它又是一个教学活动的标准。在新课标中，包含教学理念、教学提示、教学建议和教学案例等，为教师"怎么教"和学生"怎么学"提供了可操作的方法和策略。和以前的课标相比，新课标的指导性更强。

再次，它还是一个学业质量标准。新课标提出了各学科的学业质量标准，这是一个从无到有的新突破，为教师"教到什么程度"、学生"学到什么程度"提供了参考依据，为学生"学得怎么样"提供了考查评估标准。

课标的这三个维度，其实与课程的四大要素——课程目标、课程内容、课程实施、课程评价也是相对应的。

新方案新课标的五大创新发展

新方案新课标有何特点与变化？概而言之，课程结构更加优化，课程的育人性更加凸显，创新性、实践性、指导性进一步增强。从问题导向和与课程教学实践相对应的视角，笔者认为，新方案新课标的重要创新发展主要体现在五个方面。

一是在课程目标上，指向人的核心素养发展。如果要对新方案新课标的热点词汇出现的频率进行统计的话，"核心素养"一定是最高的。从"双基"到"三维目标"，此前的课标，是以内容为导向、以学科知识为核心的。福建师范大学基础教育课程研究中心主任、教育部义务教育课标修订综合组核心成员余文森认为，本次课标修订强化和凸显了人的因素，将课程目标指向核心素养，推动基础教育课程由学科立场向教育立场（学生发展）转型，这是课程观的根本变革。

在核心素养导向下，每个学科都要思考学科知识的育人价值，思考本学科应培育的学科核心素养是什么，本学科的学习对于形成学生发展核心素养的贡献是什么，并以此进行学科知识的选择和组织。以核心素养为整个课标的"基因""灵魂"，有利于解决长期以来为人所诟病的课程教学"目中无人"的问题。

二是在知识组织上，强调以大观念组织知识和开展教学。围绕有利于学生核心素养发展这一中心目标选择知识，但是这些知识能不能很好地促进学生核心素养发展，还与知识的组织形式有关系。我们常说"结构化的知识才是最有力量的知识"，新课标倡导各学科以大观念（也称大概念）将学科知识结构化，以大主题、大单元为教学的结构单位，积极推动课程整合。大观念教学有利于学生掌握学科思想、学科思维方法，建立起学科整体认知，培养系统性思维。语文等学科的课标提出学习任务群的组织方式，还有不少学科提出项目式学习、主题学习的方式，都是大观念教学思想的具体落实。强调以大观念为主线让知识结构化，有利于解决知识碎片化、学生"只见树木不见森林"的问题。

三是在教学活动上，强调学科实践，倡导"做中学、用中学、创中学"。新课标强调发挥实践的独特育人作用，加强课程与生产劳动、社会实践的结合，突出学科思想方法和探究式的学习，引导学生参与学科探究活动，倡导做中学、用中学、创中学，做到知行合一、学思结合；优化综合实践活动实施方式与路径，"原则上，每门课程用不少于10%的课时设计跨学科主题学习"。新方案新课标强调综合化和与生活建立链接，是因为我们在现实生活中面对的问题往往是复杂的，需要综合运用多学科知识才能解决；强调探究、体验的学习方式，是因为学生不能只知道知识的符号表征，更应懂得知识是如何产生的，又有什么用。强调学科实践和探究的教学方式，有利于解决理论与实践、知识与生活脱节的问题。

四是在学业评价上，研制了学业质量标准。此前的课标以及更早时候的"教学大纲"，都只有学习内容标准而没有学业质量标准。但正如余文森教授所言："严格来说，没有质量标准就不是真正的标准。教育是有目的的活动，课程内容和教学活动都是指向学生学业质量的。如果学业质量没有标准，那么课程内容和教学活动的标准也没有了归属，实际上就不能算是真正的标准了。"新课程的核心是提升学生的核心素养，但是如何衡量学生核心素养的达成情况？可以说，学业质量标准为整体刻画学生的学业成就和素养达成状况提供了一把"尺子"。同时，学业质量标准还是对教师、学校和教育管理部门开展评价、引导树立素养本位教育质量观的"风向标"，为考试命题提供依据和遵循，对引导学习方式变革、促进"双减"政策落地也能起到积极作用。用好学业质量标准，有利于从根本上解决"唯分数论"和教学评不一致的问题。

五是在学段衔接上，优化课程设置，进行一体化设计。新方案明确将六三学制划分为1—2年级、3—4年级、5—6年级、7—9年级四个学段，根据每个学段学生的年龄特征和思维特点，分别阐述了课程的学段目标，使学段目标之间具有较好的连续性和进阶性。同时基于核心素养，对1—9年级的课程内容进行一体化统筹设计，根据不同阶段学生发展特点和生活经验，分学段设置差异性课程主题。这在道德与法治课程、美育课程、综合实践活动课程和科学课程中体现得最为明显。根据学段特征进行一体化设计，最大的好处就是能更好地解决幼小衔接、小初衔接和初高衔接不顺畅的问题，减少升学过程中的压力，缩短适应过程。

这些创新发展的地方，正是过去课程教学改革过程中遇到问题比较集中的领域，也是落实新方案新课标的难点和重点，值得深入学习和研究，探索细化落实的路径。

（始发于"光明社教育家"微信公众号，2022年8月10日，原标题为"新课标的五大指向"）

如何增强教学的开放性

近年来,中高考各科"结构不良"的试题越来越多,引起师生的关注。教育语境特别是考试命题语境下的"结构不良",是一个有着专业内涵的词语。所谓"结构不良",不是指命题本身有什么错误或者不恰当的地方,而是指它没有明确的结构或解决途径。"结构不良"的试题往往具有所给条件模糊或不全、具有多种解决方法、答案不唯一等特点。解决"结构不良"问题的过程,能很好地考查学生的创新能力和综合素养,因而成为中考、高考命题改革的一个重要方向。

"结构不良"背后反映的是更强的开放性。教育部教育考试院在评析2022年高考全国卷命题时指出:"创新结构不良问题设计,有效增强试题的开放性。""命题中更加注重考查思维过程,增强试题的开放程度,鼓励学生运用创造性、发散性思维多角度分析解决问题,激发学生创新意识,引导改变追求唯一标准答案、总结答题套路等固化的复习备考模式。""结构不良"的、开放性的命题要求学生具备较强的开放性思维,从简单的记忆、理解、应用走向评价、分析和创造,能活学活用知识,找到合适的工具和路径解决实际问题。

解决开放性问题需要开放性思维。学生的开放性思维又从何而来?每个人的思维特性固然受先天因素影响,但更需要通过后天的教育来培养。很显然,填鸭式、满堂灌、机械刷题的教与学很难培养和提升学生的开放性思维。换言之,培养学生的开放性思维,需要增强日常教学的开放性。"开放性命题—开放性思维—开放性教学"这样的逻辑链条,正是考试评价引导教学的功能的体现。

如何增强教学的开放性？笔者认为应从以下三方面入手。

开放性的教学，应为学生提供更多思考的空间

长期以来，中小学的课堂教学有种不好的倾向，那就是重预设轻生成。好课往往是"设计"出来的。我们不否认教学设计的重要性，但是教师在进行教学设计时，不应试图把课堂上的所有可能性都设计进去，要给课堂上不可预见的生成和"意外"留出空间。有些教师，虽然在课堂教学中设置了小组合作、自主探究等环节，但是要么留给学生思考的时间不够，学生的思考仅停留在浅表层面，课堂上绝大部分时间还是教师的"一言堂"，要么通过"引导"将学生的思考和探究圈定在某个狭小范围，学生的问题稍超出教学预设轨道便立马叫停。这样的结果就是，看似开放的教学环节，只是表面上提升了学生的参与度，活跃了课堂气氛，对于培养学生的开放性思维没有多大帮助。

教师为何放不开手脚？其中一个重要原因是教师对学生不放心，怀疑学生的学习能力，担心教师教得少了、讲得少了，学生就会学不好。福建师范大学教育学院教授、基础教育课程研究中心主任余文森认为："相信学生的学习能力并依靠学生的学习能力，这几乎是教育学一条颠扑不破的真理。教育学所有成功的秘密都在于此。教师要学会一点一滴地去发现、去欣赏学生的学习能力，并在这个过程中逐步培养和增强学生的学习能力。"余文森进而指出："独立是一种习惯，依赖也会成为习惯。依赖的习惯一旦形成，学习能力就会消失得无影无踪。"从这个角度看，教师"喂养式""填鸭式"教学，看似认真负责、关心备至，实则是害了学生，长此以往，学生遇到一些面孔陌生的开放性问题，就不知从何下手了。

另一个原因，也可能有部分教师不太自信，觉得万一学生提出的问题自己一时回答不上来，被晾在讲台上，岂不是很没面子？这种顾虑其实大可不必。韩愈《师说》有云："孔子曰：三人行，则必有我师。是故弟子不必不如师，师不必贤于弟子……"在新时代，教师的角色已经从知识的传

授者变为学生学习的组织者、引导者和共同学习者。在信息技术高度发达的当下,学生的知识来源更加多元,思维也更加发散和灵活,学生提出一些问题教师没想到、一时无法解答,这再正常不过了。

从某种意义上讲,学会提问、发现问题比解答问题更重要。在数学上,提出猜想的都是顶级的数学家。教师应鼓励学生多提问,为学生爱问善问,能提出有新意、高质量的问题而感到高兴。

培养学生开放性思维需要开放性的教学方式。教师要立足教材而不囿于教材,拓展自己的知识视野,在教学中创新学科应用情境。课堂时间有限,教师只有充分认识到培养学生开放性思维的重要性,才能合理分配时间,把时间花在刀刃上。受时间所限,很多教师把开放性的、拓展延伸的内容留给学生课后去思考,这不失为一个好办法,但一定要有督促及评价机制(比如在下一节课上花一定时间让学生进行讨论和分享),否则就可能教师布置了,学生"一听了之",课上完大家都忘了,没有下文,这样的拓展延伸形同虚设。

开放性的教学,应创设更多开放性的学习任务

实现从以教为中心到以学为中心的转变,是新课改的历史使命。培养学生的开放性思维,需要创设更丰富的、开放性的学习任务,让学生在完成学习任务的过程中获取更多"程序性知识",即"关于如何做某事"的知识,包括技能、算法、技术和方法等,得到思维的锻炼。

开放性的学习任务,往往不追求唯一的标准答案。笔者听过南通市教科院数学特级教师符永平讲的两堂课,印象非常深刻。其中一堂课,他设置了一个情境:一个长5米的梯子,顶端点A在墙OM上可上下滑动,底端B在水平地面ON上可左右移动,滑动过程中$\triangle ABO$始终存在。请你设定$\angle \alpha$的度数,并设计求解的问题。这个学习任务与常见的题目要求正好反过来了,学生们由易到难、由近及远,设计的问题越来越多。符老师进一步引导学生,通过线段延长,将几何图形与平面直角坐标系及函数结合起来,学生们的思维再次被打开,依据此题干,学生最后总共提出了36

个可求解的问题。另一堂课上，符老师还让学生自己编教材、小组之间互相出题。要完成这些打破常规的学习任务，就需要具备创造性、开放性的思维。

开放性的学习任务，更注重过程性评价。开放性的学习任务，更强调解决未知的问题，在此过程中，如何调用已学知识、如何主动查阅资料、向他人请教、遇到问题如何反思和调整方案、策略，等等，不同学生有不同的思考及处理方式。据清华附中原校长王殿军介绍，清华附中开设了五六个"高研实验室"，为一些学有余力的学生提供平台，让他们和教师共同参与一些科研课题的研究。这些学生"折腾"几个月，最后未必能取得什么成果，但是在研究的过程中，学生的思维能力得到极大的锻炼，创造力和科学素养得到很大提升，而这些方面的收获，只能通过过程性评价才能发现。

开放性的学习任务，要求优化作业设计。开放性的学习任务，应给学生更广阔的思考和发挥的空间，传统刷题、做试卷的方式具有明显的局限性。因此，教师应该创新思路，优化作业设计，作业的类型和方式应该更加多元，比如：开展社会调查并撰写调查报告，进行科学小实验或小课题研究，创意设计并制作一件作品，写一篇书评、影评、画评或观后感……这些都可以成为作业。即使是刷题式的作业，在题目设计上也可以更加突出开放性要求，比如多出"结构不良"的题目，比如明确要求"一题多解"。

开放性的教学，应打开面向社会的大门，扩展教学资源

当下的高考和中考，为何猜题押题越来越难、题海战术的"时间效益比"不断降低？其中一个重要原因就是试题取材范围越来越宽泛、试题情境越来越丰富，涉及日常生活、经济、科技、国家大事和全球的重大问题等方方面面，要想猜题押题或是把各种可能的题型都做尽，几乎是不可能完成的任务。

相对科学的应对之策就是以开放应对开放。日常教学应以教材为根本，尽量结合相关生活实践情境和学科探索情境开展知识的学习与应用。这就要求打破传统教学模式的时空局限，真正践行陶行知先生"生活即教育、社会即学校、教学做合一"的理念，让学生走向自然与社会的广阔天地，"家事国事天下事，事事关心"，这样才能在知识与生活的碰撞中生成智慧，让思维在实践探索中变得更加开放而深刻。

开放性的教学需要更为广泛的教学资源，可以说，没有一所学校完全具备所需的各种教育资源，但是可以通过合作的方式引入其他资源，为我所用。比如中科院院士曹晓风2023年在接受中国教育报刊社融媒体"两会访谈"时介绍，目前中科院系统的很多科研资源可以为中小学教育服务，如开展科普日、开放日活动，开放部分实验室吸收学生做一些科学实验，鼓励科学家走进校园作讲座、指导学生作课题研究，等等。各类博物馆、科技馆、展览馆、历史文化遗迹等以及学校周边社区特有的相关资源，都可以成为学校教学资源的有益补充。这些资源纳入教学，有助于扩展学生的视野，激发学生的创新思维，这样他们在考试中遇到各种新奇的情境设计时，也就不会觉得太过陌生、无从下手了。

（原载于《中国教育报》2023年3月31日第5版"主编漫笔"栏目）

形成教学风格需磨砺"三性"

在日常教学研讨活动中，常听到大家谈论名师的教学风格问题。一些青年教师也把形成自己的教学风格作为专业发展的终极目标。那么，风格是什么？教学风格又是什么？当我们在谈论教学风格时，我们在谈论什么？

风，本义是指空气流动的自然现象，引申有"表现在外的景象、态度、举止"之意；格，本义指树木的长枝条，引申有"格式、规格"之意，也指"表现出来的品质、风度"。由此观之，风与格，均有"以某种行为表现出来的特点和品质"的含义。今天所说的风格，按照《现代汉语词典》的解释，其一为"气度；作风"，其二为"文艺作品所表现出的主要思想特点和艺术特色"。由此可见，现代意义上的风格，和汉字"风""格"的意义变迁是一脉相承的。

拓展开来，所谓教学风格，就是教师在教学活动过程中所表现出来的特点和特色，包括教师的教育思想、个性特点和教育技巧等。可以说，教学风格的形成，是一名教师走向成熟乃至成为名师的标志。

教学风格是如何形成的？

清代段玉裁在《说文解字注》中说"故凡无形而致者皆曰风"。教学风格何尝不是"无形而致"？教学风格的形成，没有固定的套路或达成路径，它客观存在、可感知，但往往又有点儿说不清道不明。尽管如此，教学风格的形成，还是有基本规律可循的。笔者认为，教师要形成自己的教学风格，需从磨砺规范性、稳定性、独特性入手，达成这"三性"的过程，也就是教学风格形成的过程。

养成规范性：教师成长不可逾越的基础

强调教学的规范性，听起来似乎对教师教学风格是一种限制和束缚，很多教师对此不理解、不认同，因而在成长发展过程中忽视了这一点。实际上，任何一项专业性的活动，都必须以一定的规则、规范为基础。武术的最高境界是无招胜有招，但是在无招之前，一定要经历苦练基本功的阶段，否则人人都可无师自通成为武林高手。美术、音乐或其他艺术的学习与升华的过程，莫不如此。

由此笔者想到2023年全国新高考Ⅰ卷作文材料有关围棋"本手、妙手"的阐释：本手是指合乎棋理的正规下法，妙手是指出乎意料的精妙下法。对于初学者而言，应该从本手开始，本手的功夫扎实了，棋力才会提高……本手是基础，妙手是创造。一般来说，对本手理解深刻，才可能出现妙手。

课堂教学何尝不是如此？"本手"练得不到家，就不可能产生"妙手"，更不可能形成自己的风格。

基本规范性，就是教师教学的"本手"。

教师承担着教书育人的重任，其身份的特殊性和基本职责决定了教师的教学活动不是纯粹的个人行为，不能随心所欲，必须建立在基本的规范性基础之上。

"师者，所以传道受业解惑也。"教师的基本职能包括"道"与"术"两个层面。教育的根本任务是立德树人，要回答"培养什么人、怎样培养人、为谁培养人"的问题，教师的教学必须服务于这一根本任务，因此，从"道"的角度看教学的规范性，就是要彰显其育人性。教师个人的价值判断、文化认同、兴趣爱好等，能够或明或暗地体现在教学过程中，并对学生产生重要的影响。为此，教师必须认真学习党的教育方针，认真研究所教学科的课程标准，认真领会学生发展核心素养的要求，以社会主义核心价值观和习近平新时代中国特色社会主义思想为参照，在教学中坚持正确的价值导向，校正自己的言行，课堂教学不是教师的脱口秀，不能随心所欲信口开河。偏离了育人之"道"的教学是没有灵魂的教学，注定难以形成得到大众认同的教学风格。

从"术"的角度看教学的规范性，就是要遵循基本的教育规律和得到实践检验、获得广泛认同的基本教学范式，这是不管哪种教学风格的教师都应该掌握的基本功。教学风格可以多种多样，但是有些东西是共通的。比如：教学要符合儿童认知规律及年段特点；要凸显学生主体地位，同时发挥好教师的主导作用；要吃透课标、吃透学情、因材施教……不管哪种教学风格的教师，都必须具备某些基本能力，如：正确美观地板书，流利地进行口头表达，恰当地运用形体语言，掌握相关多媒体应用技术，科学进行教学设计及作业设计，能开展基本的教学研究，等等。

教学的规范性，是一个教师站稳讲台的基础。现实中，很多教师忽视基本的教学规范，追求"妙手"而轻视"本手"，这是值得警醒的错误倾向。不符合基本规范的教学风格，经不起审视和推敲，是"立"不起来的。

达成稳定性：教学走向成熟的表现

著名建筑工程师戴念慈说："风格是共同特征在表现上的不断重复。"教学也是如此，偶尔为之，或者今天这样、明天那样，不能称之为风格，亦无法形成风格。

事实上，有些教师的教学就是摇摆不定，缺乏稳定性，这说明他们还处在摸索之中。比如有的教师实施合作探究式教学，课堂上让学生充分讨论和展示学习成果，结果导致课堂教学秩序混乱，在限定时间内难以完成教学任务，于是回到以教师讲授为主的课堂，课堂又比较刻板、缺乏生气，总是在"一放就乱，一收就死"的循环中走不出来。究其根本，还是教师对于小组合作和探究式的教学方式掌握得不够娴熟，对于课堂上生成的各种情况难以灵活自如地处理。

教学表现的稳定性需建立在反复磨炼的基础上。同时，教学风格与教师本人的个性也密切相关。教师只有在经过一段时间的探索之后，才能找到与自己个性、特质、能力倾向相匹配的教学方式，慢慢形成自己的教学风格。

正如南京师范大学课程与教学研究所所长李如密所言："教学风格的相对稳定性具体表现在教师教学思想的基本完善、教学方法的富有成效，以及教学个性的定型成熟等方面。"稳定不等于僵化、静止和一成不变。稳定性与发展性并不矛盾，教师需要在实践中不断调整、丰富和完善教学经验，需要与外界进行信息交流，学习借鉴各种富有时代性的教育思想和教学改革模式，在此过程中完成自我发展，也促进教学风格的发展。

特别需要指出的是，教学风格的稳定性，还表现在对各种新的教学思想、教学改革模式的甄别、选择和吸收过程中。当前，教学改革的各种新概念、新名词和新模式层出不穷，可谓"乱花渐欲迷人眼"。这些新的教学思想和改革模式是否符合教学内在规律？是否符合自己所在区域和学校的实际情况？能不能用到自己的课堂教学中？是否会"水土不服"？对这些问题需要有清醒的认识，要有思想定力，不能盲目跟风，这也是保持教学稳定性的内涵之一。今天试试这个，明天试试那个，像猴子掰玉米一样，是不可能形成自己的教学风格的。

凝练独特性：教学风格形成的标志

独特性是教学风格的灵魂，是此教学风格区别于彼教学风格的标志。正如"世界上没有两片完全相同的树叶"，每个教师的教学都有其特点和特色，但是如何才能上升为教学风格？

原国家督学、原江苏省教科所所长成尚荣认为："教学风格的独特性首先体现在教学主张的独特性，而教学主张是教育思想的具体化，是见解和观点的提炼。教学风格需要教学主张作支撑，不同的教学风格是不同教学主张指引下教学改革探索和实验的结果。"教学主张具有一定的理论性和抽象性，但是作为教学风格内核的教学主张，与纯粹的教育理论研究是有区别的，其价值更多地体现在实操层面。因此，教师要走出"只有建立一套高深的理论体系才能形成独特风格"的误区，也不要因为理论功底不足而妄自菲薄。

在现实中，往往存在两种错误倾向：一种是在借鉴中迷失了自我，盲目跟风，完全照搬、套用别人的教学理念和模式，没有自己的创新发展，活在别人的影子底下，这样的教学风格说到底只是别人的教学风格在自己课堂上的呈现，而不是自己的教学风格。另一种是为了凸显独特性而标新立异、哗众取宠，冠以"某某语文""某某数学""某某英语"以示与众不同。但正如全国中语会学术委员会副主任、特级教师黄厚江所言："如果闭门造车，想出一些脱离实际的主张，或者为了提出主张而提出主张，也许能新鲜一时，甚至轰动一时，却是没有实际意义，也是没有生命力的，一定是'其兴也忽，其亡也速'，因为它一方面不能有利于教学改革，另一方面不能付诸实践，甚至也无益于自己课堂品质的提高。"真正有价值的、能得到广泛认同的教学主张，应具有鲜明的实践特征，从教师自我的实践体悟中来，有明确的内涵，有充足的教学案例作支撑，具有较强的创新性和引领性。

总之，无论养成规范性、达成稳定性还是凝练独特性，都离不开长期的实践。从认识论上看，教学风格的形成，是一个"实践—反思—实践"循环往复、螺旋式上升的过程。

（原载于《中国教育报》2022年7月1日第9版"主编漫笔"栏目）

情境教学的价值意蕴及情境创设原则

热点名词概念往往能从某个侧面反映一个时代的特征。随着《普通高中课程方案和语文等学科课程标准（2017年版2020年修订）》及《义务教育课程方案和课程标准（2022年版）》的颁布，中国基础教育正式进入"核心素养"时代，学生发展核心素养及学科核心素养成为引导基础教育改革的标志性主题词。与"核心素养"相伴而生的"情境"一词，成为出现频率仅次于"核心素养"的热点词汇。

《普通高中课程方案（2017年版2020年修订）》提出："关注学生学习过程，创设与生活关联的、任务导向的真实情境，促进学生自主、合作、探究地学习……"《义务教育课程方案（2022年版）》提出："加强知识学习与学生经验、现实生活、社会实践之间的联系，注重真实情境的创设，增强学生认识真实世界、解决真实问题的能力。"由此可见，从学生生活实际出发、创设丰富的学习情境、发挥情境素材的育人功能，已成为各学科教学改革的共性要求。

情境教学的理论基础及时代背景

1. 正确理解教学情境及情境教学的内涵

《现代汉语词典》(第6版)对情境的解释为：情况、境地；指某一段时间和空间许多具体情形的概括。在汉语中，情境一词有很多近义词，如情景、情形、情况、境况等。要深入、准确地理解教学情境，必须结合教育教学这一特定范畴、结合具体学科，而不能泛泛而论。通俗地讲，教学情境是在教学过程中，为实现一定的教学目标而特意创设的、与学科知识相关的情境。学科知识是学科核心素养形成的载体，而教学情境则是开展学科知识学习的载体。

依托情境、以情境为知识载体而开展的教学即为情境教学（亦有学者称"情境化教学"，本文统一使用"情境教学"的概念）。在情境教学中，教师通过有意识地创设适切的问题情境，有目的地寓教学内容于具体生动的生活实践情境或学科探索情境之中，让学生参与、体验知识产生或运用的过程，引导学生从经验中概括、提炼事物的共同属性，在真实情境中抽象事物的本质特征，可有效激发学生学习兴趣和情感，增强学生运用知识解决实际问题的能力。

2. 有关情境教学的中外理论研究

20 世纪初，美国教育家杜威提出"教育即经验的改造和改组""教育即生活""教育即生长"。杜威的经验教学论为情境教学奠定了理论基础。

20 世纪五六十年代发展起来的信息加工理论进一步提出，人的认知是一个信息加工（包括输入、编码、贮存和提取）的过程，知识是具备情境属性的信息，其价值依赖于其所处的情境。

20 世纪 80 年代兴起的建构主义学习理论认为，知识是个体与环境在相互作用的过程中建构起来的，教学应具备四个要素：情境、协作、会话和意义建构。建构主义学习理论认为，教师应有意识地创设教学情境，提供富有挑战性的学习情境和真实任务，激发学生的学习积极性，让学生主动建构新知识。同期发展起来的情境认知理论认为，知识、思想和情境是密切相关的，情境是认知活动的必要基础，知识是在情境中获得并在行为中发展进步的。建构主义学习理论及情境认知理论推动情境教学从理论走向实践。

在中国，也有很多学者及一线教师对情境教学进行探索，建构起本土的情境教学理论体系，其中最具代表性的是李吉林。李吉林立足语文教学，自上世纪70年代末开始探索研究。她从中华传统文化中的"意境说"得到启发，概括、提炼、归纳出情境教育的四大核心元素——真、情、思、美，并使之操作化：讲究真，给儿童一个真实的世界，在情境中让学习与生活发生对接，产生意义的建构；注重情，与儿童情感交融，让学生的情绪沸腾起来；突出思，给儿童广阔的思维空间，尽力开发无限潜能，让生命呈现创造的状态；追求美，给儿童带来审美愉悦，在熏陶、感染中产生主动学习的"力"。李吉林还概括出情境教学的五大操作要义：以培养兴趣为前提，诱发主动性；以指导观察为基础，强化感受性；以发展思维为核心，着眼创造性；以激发情感为动因，渗透教育性；以训练语言为手段，贯穿实践性。李吉林的情境教育理论研究和实践探索创造了情境教育的中国范式，对于中国本土化的情境教学起到了很大的推动作用，其成果获得了首届基础教育国家级教学成果奖特等奖。

3. 情境教学是新课程改革的必然要求

情境教学在中国的发展，与课程教学改革的时代背景和进程密不可分。2001年教育部颁布《基础教育课程改革纲要（试行）》，首次明确提出了新课程教学的"三维目标"，即知识与能力、过程与方法、情感态度与价值观，教学的关照视角从客观的知识转向人的发展。随着《中国学生发展核心素养研究报告》的发布及《普通高中课程方案和语文等学科课程标准（2017年版2020年修订）》《义务教育课程方案和课程标准（2022年版）》的颁布，基础教育改革正式进入以培养学生发展核心素养为导向的素质教育新阶段。素养导向下的课程及教学，更强调知识的建构，强调通过特定情境再现语言文字、符号图表所表征的事物本质及相互联系，强调迁移应用所学知识解决现实生活和科学探索中的实际问题，情境成为素养形成不可或缺的载体。从这个角度看，情境教学是新课程改革的必然要求，具有鲜明的时代特征。

情境教学的发展亦与中高考改革进程密切相关。2019年，国务院办公厅颁布的《关于新时代推进普通高中育人方式改革的指导意见》明确要求"深化考试命题改革，要创新试题形式，加强情境设计，注重联系社会生活实际。"《中国高考评价体系》则明确规定以情境承载高考考查内容,实现考查要求。从近年新高考改革的实践来看,情境化已成为高考命题的一个显著特点和发展趋势。考试评价具有引导教学的功能,高考及中考命题改革的情境化取向,极大地推动了中小学情境教学的实践探索。

情境教学的独特作用和价值

与其他教学方式一样,情境教学遵循教育教学的一般规律以及学生认知发展规律,要服务于培养学生核心素养这一中心目标,引导学生树立正确的价值观,提升关键能力和必备品格。但情境教学也具有一些其他教学方式所没有的,或者比其他教学方式更强的作用和功能。

1. 激发学生学习兴趣

兴趣是最好的老师。任何知识都是从人类生产生活实践中产生的,离开具体情境,知识就是抽象化的文字或符号。在教学中,创设情境可以激活学生情感,引发学生联想,让知识变得形象、生动、鲜活、感性,增加学习活动的生动性、趣味性、直观性;情境体验(包括利用虚拟现实技术实现的仿真体验)可以调动学生多感官参与,在"做中学""做中悟",深化认知;依托情境素材形成驱动性任务,可以让学生开阔视野,通过认知冲突吸引学生深入思考,激发学生的好奇心,进而追根溯源。

2. 促进深度理解和知识迁移应用

杜威一再强调,教学要从学生已有的经验开始,儿童的生活和本能是教育的起点。而情境教学就是要架设起学生现实生活世界与知识世界、科学世界之间的桥梁,使知识的内涵丰富地呈现在学习者面前。

很多教师都遇到过这样的情况:在课上讲完某个知识点,学生都说"理解了""听懂了",但是变换一下问题背景,学生又不懂了、不会应用了。这说明学生并未真正地理解。依据格兰特·威金斯和杰伊·麦克泰格提出的"理解的六侧面"理论,深度的理解需要做到"能解释、能阐明、能应用、能洞察、能神入、能自知"。理解的"六个侧面",归根结底是强调知识的迁移应用能力,如果只是从概念到概念的逻辑推演,是难以达到深度理解目标的。情境教学的重要价值之一,就是在学生经验与符号化的知识之间建立链接,促使僵化、惰性的知识活化,能迁移应用,能解决实际问题。"解释"需要结合具体的现象或问题(情境);"阐明"要依托具体情境;"应用"要求在新的、不同的、现实的情境中有效地使用知识;"神入"就是将自己代入情境,获得拟真的体验。由此可见,抛开情境、抽离情境难以真正提高学生的理解力,难以形成迁移应用的能力。

从另一个角度看,学生之所以在理解上存在差异,是因为在理解行为发生之前,他们拥有不同的"前理解"。学生的生活体验、社会阅历、曾学习过的知识,构成了他们学习新知识时的"前理解",这是他们理解生活实践情境和学科探索情境的基础。填鸭式教学之所以无趣且无用,就是因为它与学生的"前理解"无关。学生的"前理解"越丰富,越有利于他们理解新学知识。教师要想方设法让学生的"前理解"有效参与到学习中来,一个重要方法就是创设情境,让学生的生活体验、社会阅历与知识学习发生关联。

3. 加强思维训练,提高思维品质

虽然各学科课标对本学科的教学情境做出了不同的细化分类,但基本上可归为生活实践情境和学科探索情境两大类型。随着年段的升高,学科探索类情境比重增加,情境教学对于思维训练的作用和价值也表现得更为突出。

情境教学中学生的思维过程是怎样的呢?按照建构主义学习理论,学生学习是一个体验知识生成和自主建构知识的过程。人类在长期生产实践活动中积累的经验,经过抽象和符号化后成为教材上的知识,这是一个总结和提炼的归纳的思维过程;而将抽象化的知识嵌入具体情境,这是一个由一般规律到具体个例的演绎的思维过程;学生看到情境化的材料或题目,则需要进行抽象思考,建立起情境与所学学科知识点间的关联,思考该用什么方法来解决问题,这又是一个归纳的思维过程;而运用知识

去解决情境化的实际问题,则是一个演绎的思维过程。在"抽象"(知识)与"还原"(情境)的往复回环过程中,学生的思维能力得到很好的锻炼。(如下图所示)

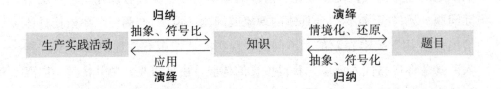

不难看出,与"双基"时代照本宣科地讲授的教学方式相比,情境教学对学生思维参与度的要求更高,也更容易通过表现性任务进行考查,更有助于提升学生的思维品质。正如《普通高中物理课程标准(2017年版2020年修订)》指出:"运用物理知识解决实际问题能力的高低,往往取决于学生将情境与知识相联系的水平。例如,是否能把情境中的一段经历转化为一个物理探究过程,是否能把情境的故事情节转化为某种物理现象,是否能把描述情境的文字转化为物理表述,是否能把情境中需要完成的工作转化为相应的物理问题。我们常说某个问题很'活',其'活'的本质之一在于情境的转化。"其实不只是物理学科,其他各学科皆如此。

创设情境、开展情境教学应坚守三个原则

情境教学要发挥出其独特的价值和作用,教师在实施中应该明白两点:其一,倡导开展情境教学,并不是要将所有学科的一切教学内容都情境化,这既不现实也不科学。其二,要采取科学的实施策略,避免脱离具体教学目标和学科内容的泛化、为情境而情境的形式化以及忽视学生主体情感及互动生成的僵化的做法。

为此,在创设情境、开展情境教学时,应坚守三个原则。

1. 价值性原则

现代知识论告诉我们,所有知识都具有符号、逻辑和意义三重结构和

属性。知识的育人价值是一种客观存在，它是各学科知识转化为人的素养的物质基础。所有知识的学习，在"求真"的同时均隐含着"求善"的目标追求。情境作为知识的载体，自然有着价值导向的问题。因此，教师实施情境教学、创设情境时，首先要思考"为何要创设这样的情境"，即如何发挥情境素材的育人价值的问题。

语文、历史、道德与法治（思想政治）等人文类学科，突出中华优秀传统文化、革命文化和社会主义先进文化，弘扬社会主义核心价值观和习近平新时代中国特色社会主义思想，具有较强的价值导向性。数学及物理、化学、生物学等自然科学学科注重逻辑和推理，同样存在价值引领的问题，比如物理学科核心素养中包含"科学态度与责任"，化学学科核心素养包含"科学精神与社会责任"，地理学科核心素养包括"人地协调观"，生物学学科核心素养强调"生命观念和社会责任"，地理、生物学等学科都强调生态文明观念，等等。

中小学教材中就有很多情境设计。能够进入教科书的素材，既有科学维度的意义，也要经过特定的道德观价值观审视和剖析。自然科学除了具有真理价值，还具有应用价值。人是科学知识的使用者，科学知识掌握在什么样的人手中、如何使用科学知识，将会带来正负两种不同的效应，对人类社会生活带来极大的影响。伽利略、居里夫人、爱因斯坦等耳熟能详的典范人物被选入教科书，袁隆平、屠呦呦等人的事迹被写入教材或教学参考书，就是因为他们身上映照出人类的美好精神和良善品质。

教师在创设学习情境或问题情境时，面对同样符合客观真实性、与学科内容存在契合点的情境素材、背景资料，选择哪个不选择哪个，本身就是一种带有价值指引的行为。

教师在创设情境时，应首先思考该情境是否有值得发掘的正向的育人功能，同时要从不同维度综合考虑，避免可能产生的负面、消极的影响。有些情境素材，单从学科知识的角度看没有问题，但是却可能隐含着审美情趣不高、价值导向偏离等问题，从而导致情境创设的教学价值大打折扣甚至适得其反。

把握好情境化教学的价值导向，还要避免人为拔高的"低级红高级黑"和乱贴标签式的情境创设，特别是在当前强调课程思政的背景下，很多教师在创设教学情境时"为赋新词强说愁"，让人有牵强附会之感。如何将价值观念润物无声、自然而然地融入教学过程，融入学习情境中，是一个值得深入研究的问题，要求教师提升育人意识和专业水平。

2. 真实性原则

义务教育新课标和高中新课标，都强调在教学时创设真实的学习情境和任务情境。教学情境的真实性，不同于新闻报道的客观真实性，这种真实性是相对的，或者说是拟真的。正如北京师范大学王宁教授所说："所谓真实，指的是这种语境对学生而言是真实的，是他们在继续学习和今后生活中能够遇到的。"

情境教学中的真实情境，应具有三个特征：

其一，真实情境应该是具体的。大家都有共同的感受，如果一条信息把时间、地点、人物、事件等要素交代得清楚而具体，就会让人觉得真实可靠，而如果比较含糊、笼统，就会让人怀疑是瞎编的，因为讲得越具体越容易出纰漏。创设情境同样如此，要创设真实具体的情境，并且与要学习的知识有较强关联，要见人见事见知识，不能仅把情境作为课堂的点缀或包裹知识的"糖衣"。

其二，真实情境应符合生活逻辑。人们常说：戏剧源于生活高于生活。教学情境的创设也是如此，教师应联系学生的现实生活和实践体验，从学生日常生活环境中发现、挖掘学习情境资源。情境的设置应具有一定矛盾冲突，包括源于生活又高于生活的实践体验，源于教材又有别于教材的问题理解，源于文献又精于文献的理性选择等。学习情境可以在真实生活的基础上进行改造、升华，但是情境中的相关信息或数据必须合乎逻辑和常理。有的情境设计从学科逻辑看没有问题，但却不符合生活逻辑，现实生活中事情不是如此发展的。这样的情境设计是不科学不合理的。

其三，真实情境必须遵循客观规律。教师可以根据需要对真实材料进行不脱离实际、符合科学性的提取、富集、凝聚与重组等，但是不能违背学科基本知识及其背后的自然科学规律，不宜选编脱离实际的虚拟或理想化模型。比如物理上很多定理及实验现象，都是从现实生活经验中总结并抽象化而来，需要满足一定假设条件，如"光滑表面"（无摩擦力）、"匀速运动"、不考虑空气阻力等。许多化学反应、化学现象需要满足诸多限制条件才能发生或呈现出来，但是现实中的问题往往是复杂的、综合的，影响因素是多方面的，有些影响因素无法通过"假设"排除，因此在创设情境时，不能主观臆断，切不可为了考查某个知识点而创设在实践中不存在、不可能发生或与实际情况存在较大偏差的情境。这样理想化的"假情境"有违实事求是的科学精神，不利于培养学生解决实际问题的能力。

3. 适切性原则

适切性是针对某一特定对象和某一特定背景而言的，应从三个方面来判断教学情境的适切性。

（1）从教学目标和内容的角度看，是否需要创设情境、何时创设情境、创设什么样的情境，都要为教学目标服务、与教学内容相关且适时适度，过犹不及。

情境的作用是让知识与学生的直接经验发生关联，但是学生的直接经验有其局限性。在教学中，并非所有的系统知识都可以还原为直接经验，系统知识的存在形式是逻辑的，具有很强的概括力和包容性，有些知识根本不可能还原为学生的直接经验，有些即使能还原，在数量上和程度上也是有限的。因此，试图将所有知识都塞进情境之中的做法是不科学的，一些学校提出"一课一情境"的要求也是不合理的。如果教学情境与教学目标、教学内容缺乏内在逻辑关联，仅仅是为了活跃课堂气氛或是体现多媒体信息技术的应用，在一些无关痛痒的环节大量铺陈，不但起不到情境教学应有的作用，反而浪费时间，让学生迷失在冗长复杂的情境表述中，对学习造成干扰。一些教师在课堂上过多使用与教学目标关系不大的视频片段或 flash 动画演示，反而有可能使学生开小差、注意力偏移，效果适得其反。

（2）从学生成长发展不同阶段看，情境创设要符合儿童青少年认知发展规律，起到引导思维参与的作用。

不同年龄阶段的儿童青少年心理认知特征和思维方式不同，需要设计、安排与之相对应的课程内容，采取适切的教学方式。教师在教学时，要充分考虑学生所处不同发展阶段，创设与其心理认知特点相匹配的生活体验情境或学科探索情境。情境创设滞后于学生心理认知的发展，会让学生觉得"幼稚"无趣，就如多数初中生不再喜欢看动画片一样；情境创设超前于学生心理认识的发展，会让学生觉得难以理解和产生共鸣。通常而言，随着学生年龄的增长，生活实践情境应相应减少，而学科探索情境应相应增加、加深。比如义务教育物理课标和普通高中物理课标都倡导开展情境教学，但是侧重点有所不同。初中物理强调："教师要充分结合学生的生活经验，有目的地创设生动具体的情境，引导学生从经验中概括、提炼事物的共同属性，抽象事物的本质特征，实现从经验常识向物理概念转变；以新奇的现象激发学生的兴趣，通过认知冲突引发学生深入思考，进而引导学生从生活走向物理、从自然走向物理。"而高中物理课标则强调创设体现概念本质特征的情境，发展学生的科学思维；创设问题情境，让学生通过实验和数据分析探究物理规律；让学生结合具体的实际情境，转换为物理表述，应用物理知识解决实际问题。显然，与初中物理相比，高中物理的情境教学对思维能力的要求更高。

强调情境的适切性，目的在于加强情境创设与促进学生核心素养发展的关联性。不管创设什么样的情境，至关重要的是激发学生的情感，引发学生的深度思考。在课程教学中，没有学生的思维参与，学习就没有真正发生。不能让学生思维深度参与、无法拨动学生心弦的情境教学只是停留于浅表层次，无法起到促进学生核心素质生成与发展的作用。

（原载于《中小学教材教学》2024年第6期，作者署名：汪瑞林、胡茜如、龚萍）

◆◆◆
正确理解叶圣陶的三个思想观点

叶圣陶先生（1894—1988）是我国著名的教育家、文学家，是为新中国语文教育奠定基础、做出巨大贡献的"语文三老"之一。2024年10月28日是叶圣陶先生诞辰130周年纪念日。他提出的许多教育思想、教学理念以及具体的教学方法，影响了几代人，对今天的基础教育课程改革特别是语文教学改革仍具有重要的现实指导意义，值得深入研究和系统学习。

但是，在教育实践工作中，一些人在忽略时代背景和具体语境的情况下，断章摘句、望文生义地学习，有时难免失之偏颇，不能全面、客观、辩证、发展地理解叶圣陶教育思想和他的一些观点的实质内涵与精神要义，特别是在联系实际，将叶圣陶的一些思想观点迁移应用到当下分析和解决问题的过程中，产生了一些困惑、误解和认知上的偏差。这应引起我们高度警惕，并通过深入学习和反思正本清源。

鉴于此，本文围绕叶圣陶容易引发争议的三个思想观点进行探讨。

关于教材的作用与功能

早在1945年，针对当时语文教育中存在的各种弊端，叶圣陶在《谈语文教本——〈笔记文选读〉序》一文中就提出了"语文教本只是些例子"的观点。1978年3月，针对当时一些学者提出语文教育要科学化的观点，叶圣陶在北京市语言学科规划座谈会上作了题为"大力研究语文教学，尽快改进语文教学"的发言，提出"语文教材无非是个例子，凭这个例子要使学生能够举一反三，练成阅读和作文的熟练技能"。后人经常在各种场合引用"语文教材无非是个例子"这句话，使之成为叶圣陶经典的语录名言之一。

一些人从"语文教材无非是个例子"的字面意义出发，得出课文不重要的结论，因为课文只是"例子"嘛，那么用不用、用哪个例子、用这个例子还是那个例子，有那么重要吗？产生这种错误认识的一个重要原因是没有认清语文学科独特的学习特点和方式。数学、物理、化学等自然科学学科的教材中也有很多"例子"，多以内容阐释的举例和例题形式呈现，这些"例子"多是基本概念、定理、公式的演绎应用，起到增进理解和检测知识掌握情况的作用。而对于语文学科而言，"例子"（即课文）是语文知识的载体，语言运用的规则蕴含其中，需要学生在学习中去提炼总结；情感态度与价值观蕴含其中，需要学生通过文本的学习去体悟、感知和内化。可以说，语文学科的四大核心素养（语言建构与运用、思维发展与提升、审美鉴赏与创造、文化传承与理解）的培养，与每一篇课文的学习息息相关。正因为语文学科"例子"的特殊功能和重要性，所以入选教材的课文，都是经过专家反复研究讨论后确定下来的，亦保持着相对的稳定性和延续性，在价值性、思想性、文学性、适切性等方面都达到了较高的水准。

误解、曲解"语文教材无非是个例子"带来的另一种不良倾向是轻慢教材、忽视教材，认为教材"可有可无"，教师在教学时"可用可不用"，甚至有些教师把教参看得比教材更重要。其实，叶圣陶自己对"语文教材无非是个例子"这句话的内涵有明确界定：这是"说语文教本的性质跟作用"。说教材是例子，绝不是指对待语文教材的态度。

关于教材，当下基础教育界有一个流行的观点，那就是要"用教材教，而不是教教材"。这一观点，从教学法的角度理解，是说教师教学不能照本宣科、拘泥于教材，而要超越教材，由教材拓展延伸开去，走向更广阔的语文天地，这当然是对的，但是从教材选文功能的角度看，则不那么全面。

自1901年中国首部真正意义上的语文教科书《澄衷蒙学堂字课图说》

诞生以来，关于语文教科书选文的功能和作用，即有多种不同看法，其中以叶圣陶、夏丏尊的观点影响最大。有学者将叶圣陶、夏丏尊的选文教学功能观概括为四重，即"全息"功能、"例子"功能、"凭借"功能、"引子"功能。任何一个选文都具备以上四重功能，主要是看人们根据需要去发挥其中哪重教学功能。如果要发挥选文的"全息"功能，那自然是要细读文本、"教教材"，如果是发挥选文的其他三重功能，那就是"用教材教"。更何况，在一篇课文的教学过程中，有些环节是"教教材"，有些环节是"用教材教"。由此观之，从教材选文功能看，"教教材"与"用教材教"不是非此即彼的二元对立关系，而是可并存的。基于教材是基础，更重视发挥选文的"全息"功能，而超越教材则是叶圣陶一再强调的"以三隅反"，也就是发挥教材的"例子""凭借""引子"功能，提升学生的思维能力和阅读、写作技能。"用教材教"与"教教材"不是替代关系，而是进阶关系，用"要教教材，更要用教材教"来表述如何正确对待教材更为恰当。

关于"教是为了达到不需要教"

"教是为了达到不需要教"是叶圣陶先生最为重要的教育思想之一。叶圣陶1962年在书信《答梁伯行》中提出："凡为教，目的在达到不需要教。以其欲达到不需要教，故随时宜注意减轻学生之依赖性，而多讲则与此相违也。"1978年3月，叶圣陶在题为"大力研究语文教学，尽快改进语文教学"的发言中指出："教师教任何功课（不限于语文），讲都是为了达到用不着讲，换个说法，教都是为了达到用不着教。怎么叫用不着'讲'用不着'教'？学生入了门了，上了路了，他们能在繁复的事事物物之间自己探索，独立实践，解决问题了，岂不是就用不着给'讲'给'教'了？这是多么好的境界啊！教师不该朝这样的好境界努力吗？"

1983年，叶圣陶在民进外地来京参观教师茶话会上的讲话中，对一些人不准确的引述进行了纠正："刚才有一位同志说到我说过'教是为了不教'。后来我加了四个字：'教是为了达到不需要教'。我觉得这样表达比较明白。是不是不教了，学生就学成了呢？非也。不教是因为学生能够自己学习了，不再需要老师教了。……达到不需要教，就是要教给学生自己学习的本领，让他们自己学习一辈子。"

从叶圣陶的上述表述看，他的观点非常明确且一以贯之，那就是要求教师注重培养学生独立思考、自主学习的能力，就像教小孩走路，要由扶着走、牵着走到最后放开手让他自己走。教师不仅要有这样的意识，而且要改进自己的教学方式方法，以有利于培养学生的自主学习能力。

但是有些教师认为，"教是为了达到不需要教"的说法有弱化教师在教学中的主导作用、矮化教师的形象及价值追求之嫌。这样的理解当然是错误的，根源在于对如何处理好"尊重学生主体地位"与"发挥教师主导作用"二者的关系认识不清。

教师的教与学生的学是互为条件的交互活动，是构成教学活动缺一不可的基本因素。尊重学生的主体地位，强调的是在学习过程中要发挥学生的积极性、主动性、创造性，引导学生独立思考，成为学习的主人，而教师主导作用的发挥，体现在教学方向、内容、方法和进程的选择与把握上。尊重学生的主体地位与发挥教师的主导作用并不冲突，二者是辩证统一的，教师发挥好主导作用，才能更好地为学生的学服务。

尊重学生的主体地位是培养学生独立思考、自主学习能力的前提。在这方面，叶圣陶讲了很多，比如"一切都得以学生为本位""因为活动的主体是学生，活动要有意义，有价值，必须让主体自愿自发才成""老师讲课，必须使学生真正受用，任何时候都要记住这一点""学生能够理解和领会的东西，教师完全可以不讲。学生了解不透领会不深的地方，才需要教师给予指点和引导，但是也不宜讲得很多很琐碎。教师要善于引导学生自己多动脑筋"……从某种意义上讲，"不教"就是尊重学生主体地位，只有教师"不教"那些浅表的直观的事实性知识，把时间还给学生，让学生成为课堂的主角，学生的主体地位才能更加凸显。而要达到教师"不教"而学生能自主学习的目的，就需要教师对"教"什么、怎么"教"加强研究，对教学内容进行精心选择，对教学流程和方法进行科学设计，这实际上就是教师主导作用的体现，教师非但不能偷懒，反而更累，因为这对教师的能力和素养提出了更高的要求。在这方面，叶圣陶有很多论述和具体建议。从布鲁姆教育目标分类学的视角看，就是倡导教师更多地教给学生概念性知识、程序性知识和元认知知识，改变学生被动接收知识的局面，通过自主探究等学习方式培养学生分析、评价、创造等高阶思维能力。从这个角度看，叶圣陶"教是为了达到不需要教"的教育思想，揭示了教与学的一般规律，具有超越时代的意义。

关于加强训练与"精讲多练"

叶圣陶在诸多文章、讲话稿及给教师的书信中一再强调"训练"的重要性，在谈到对"精讲多练"的看法时，叶圣陶提出："能力的长进得靠训练，能力的保持得靠熟习……""观察，思考，也是各科教学都得训练的事，不限于语文科。""至于多练，确乎极重要，不经过多练，理解的东西不容易化为熟练的知能和终身的习惯。要学生多练，又要不增加学生额外的负担，似乎不太容易。关键在于教师怎样指导学生练习。""训练训练，分开来说，训是老师的事，练是学生的事。就老师的方面说，采用种种有效的办法，循序渐进地教导学生练，固然极为重要，而督促学生认真练，经常练，尤其是奏功收效的关键。一曝十寒，办法再好也没有多大用处，因为在学生身上得不到巩固，养不成习惯。"

必要和一定量的训练，是学生巩固知识、提升能力、形成习惯的基础。但是时下有些人认为，在倡导培养学生核心素养和落实"双减"政策的背景下，提倡加强基础训练，让学生"多练"，是否过时落伍了？是否符合新时代的改革导向？有些人甚至担心，让学生多做题、多练习，会不会被扣上"应试教育"的帽子？

产生以上误解和顾虑的一个重要原因是对基础知识与核心素养的关系认识不清。新课程改革强调以核心素养为导向，但这并不意味着知识不重要、基于知识的教学和练习不重要。知识是能力的基础，系统的学科知识是提升学科核心素养的载体，对于学生的全面发展、长远发展起着奠基性的作用。二者是统一而非对立的，没有基础知识打底，素养发展就成了无本之木、无源之水。在新课程改革背景下,要警惕核心素养导向的教学的虚化和形式化,走向忽视基础知识、基本技能的另一个极端。

产生以上误解和顾虑的另一个原因是断章取义、一鳞半爪,没有全面理解叶圣陶关于"训练"的思想精髓。掌握知识和技能都需要练习,正确的练习不是简单的机械重复,而需要有导师、有目标和进阶、有反馈和改进。叶圣陶先生所说的"训练",不是机械训练和重复刷题、搞题海战术。叶圣陶特别强调两点:

一是注重提高思维能力。叶圣陶说:"在基本训练中,最重要的还是思维的训练,不要只顾到语言文字方面,忽略了思维的训练。各门功课都和思维的训练有关,……教语文的一项很重要的任务就是训练学生的思维,训练思维的材料就是课文。"他还说:"在中小学语文教学中,基础知识和基本训练都重要,我看更要着重训练。什么叫训练呢?就是要使学生学的东西变成他们自己的东西。譬如一个字,要他们认得,不忘记,用得适当,就要训练。语文方面许多项目都要经过不断练习,锲而不舍,养成习惯,才能变成他们自己的东西。"由此可见,叶圣陶十分注意知识的迁移应用和思维能力的培养。让知识"变成他们自己的东西",用今天的话语表达,就是培养学生"带得走"的核心素养。叶圣陶先生所提倡的训练,不仅限于知识层面,更上升到了育人层面,他说:"老师要用种种方法,训练学生不说假话,不说空话,不但作文的时候必须如此,任何场合都必须如此,一辈子必须如此。说假话就是言不由衷,说空话就是言之无物,犯了这两点,不仅是文章的毛病,尤其严重的是思想品德的毛病,所以必须训练学生,使他们在实践中养成习惯,一辈子不犯这两点。"叶圣陶还特别强调阅读和写作的训练要与生活实践结合起来,"必须使所学的东西融化在学生的思想、感情、行动里……能够躬行实践"。叶圣陶的这些思想观点,与今天倡导学科育人、实施课程思政的理念是高度契合的。

二是注重减轻学业负担。叶圣陶在谈到"精讲多练"时,就提出不能增加学生额外的负担。对于"练习",他认为:"练习的方式又多种多样,提个恰当的词,促使学生在关键要点上想一想,也都是练习,不限于写在作业本上,那就不至于增加学生额外的负担了。"在如何通过练习提高听说读写能力方面，叶圣陶提出了很多具体建议和方法指导。每个时代，训练的方式、练习和作业的形式会有变化发展，但是叶圣陶关于"训练"的思想理念，对于今天落实"双减"政策、优化作业设计无疑都具有重要的启示意义。

（原载于《中国基础教育》2024年第12期）

推进课程改革应发扬"三此主义"

1924年,著名的美学家、文艺理论家、教育家朱光潜先生在《谈立志》一文中说:"我把我的信条叫做'三此主义',就是此身、此时、此地:一、此身应该做而且能够做的事,就得由此身担当起,不推诿给旁人;二、此时应该做而且能够做的事,就得在此时做,不拖延到未来;三、此地(我的地位,我的环境)应该做而且能够做的事,就得在此地做,不推诿到想象中的另一地位去做。"

"三此主义"体现了不尚空谈、着眼当下、脚踏实地的思想和严谨治学的精神。朱光潜先生把"三此主义"作为自己的座右铭,这一思想不仅是他个人取得巨大成就的重要原因,也在教育、美学等领域产生了深远的影响。

笔者认为,推进中小学课程改革,也应发扬"三此主义"。在新的时代背景下,该如何理解"三此主义"的深刻内涵并进一步做出时代化的阐释?教师该如何用"三此主义"指导具体的课程教学改革实践?

投入"此身":化间接经验为具身认知

自己该做且能做的事情自己做,不推诿给旁人,就是强调要有责任感和担当精神。课程改革、教学改革的规划设计和理念方法落实到课堂、落实到育人各环节全过程,关键靠教师。当前课程改革的理念、方向、具体实施策略及要求,已经写入课程方案及各科课标,融入新教材,所有教师、校长都是课改的参与者、当事人，都应以积极姿态，主动投入而不是被动卷入课程改革浪潮，不能躲在过去经验的舒适区当旁观者，应拿出舍我其谁的勇气，"由此身担当起"推进课程改革的重任，成为先进理念的践行者和经验的创生者。

强调"此身"参与，是因为"纸上得来终觉浅，绝知此事要躬行"。推进课程改革的过程中，产生了许多新的概念名词和教学模式、教学法及具体教学经验。这些他人总结提炼出来、以文字成果方式呈现的经验属于间接经验。间接经验非常重要，但这些间接经验对"我"而言，是否可行、适切，应用中要注意什么问题，如何进行有针对性的改进？需要经由"此身"体验、实验，通过内化，把间接经验变为个人的直接经验，转化为自己的具身认知和可操作的技能，才能更好地用于教学实践。正如想要知道梨子的味道，任其他人用多少词汇来形容和告诉你，都不如自己咬上一口获得的感受真切。要想学会游泳，光看指导游泳训练的书不行，必须跳下水扑腾一番。理论必须与实践相结合，而"此身"参与就是理论联系实践的必由路径。

把握"此时"：与时俱进，直面老大难问题

回望新中国成立以来八次基础教育课程改革，每次都是针对当时需要解决的问题而展开的（当然也会受到特殊时期特殊历史事件的干扰和影响），有特定的主题和目标。对于历次课程改革的是非功过，我们应该以历史的、发展的眼光去评判。总体而言，"此时应该做而且能够做的事，就得在此时做，不拖延到未来"。

"此时"就做，体现的是一种时代使命感和紧迫感。推进基础教育课程改革，对发展中遇到的新情况新问题，应及早察觉并采取相应对策，不让问题和矛盾持续化扩大化；有些问题则是课改进入深水区后要啃的"硬骨头"，比如素质教育理念难以落实到课堂、教育评价方式单一、课堂教学中学生主体地位不突出、机械刷题的应试教育模式导致学生学习负担过重等等。这些问题是长期存在的老大难问题，也是"此时"应思考和解决

的问题。我们不能老是以"留待后人解决"为借口把问题往后推，一代代往下传。不妨将大课题分解为小课题，将长远目标分解为阶段性目标，选择一个切口深入探索，即使不能从根本上解决问题，只要在某个方面能做出微创新、提供有效经验、取得局部突破，就非常有价值和意义了。

强调"此时"，意味着要切时如需、与时俱进。时代总是在不断发展前进的，推进课程改革应结合时代背景，把握时代脉搏，体现时代特征和要求。彼时因种种原因被忽视、被弱化的领域，可能正是"此时"应改进和加强的，比如劳动教育和美育。彼时不具备"天时"条件、难以解决的问题，"此时"可能迎刃而解。比如在班额普遍较大的情况下，因材施教面临很多困难和制约，效果不佳，而今天的人工智能和大数据技术，为学生学习数据的采集及学业水平诊断、作业分层设计及精准推送、教师差异教学及个性化辅导提供了强大的技术支持，使教师的教学与辅导可以做到因人而异、量身定制，过去无法想象的事情今天变为了事实。

立足"此地"：创造条件，发挥比较优势

在推进课程改革的过程中，我们常常会听到这样的声音："某某学校（地方）的改革确实好，但我们学不了""我们没这个条件"。的确，推进课程和教学改革，需具备一定的"地利"条件，师资力量、校园环境、教学设备、资金投入等对推进课程改革有重要影响，但未必是能否推行某项教学改革的决定性因素，不妨立足"此地"先做起来，如果怨天尤人、非要坐等所有条件齐备才动手，往往会错失良机而空余嗟叹。

中国人向来相信"办法总比困难多"。大庆油田"铁人"王进喜说："有条件要上，没有条件创造条件也要上。"这句话之所以成为励志名言，是因为它体现了一种积极进取、勇于克服困难的精神，强调在尊重客观规律的基础上，充分发挥主观能动性以实现目标。十多年前，北京十一中学推行走班制教学的经验被《中国教育报》报道后，全国各地的校长纷纷前来取经，一些校长参观考察后感叹："我们的条件和十一学校相差太大，十一学校的经验无法复制。"另一些校长回去后悄然行动起来：教室不够

用？就把部分会议室、教师办公室腾出来作为教室；优化课程安排提高教室和实验室利用率；拓展教室共享功能，做到一室多用；搭建活动板房、将集装箱改建为教师临时办公室；租借附近的场地用于教学和办公……教师不够用？就依托学科组开展集体备课，制定激励政策提高教师走班教学的积极性；加大选聘力度弥补师资缺口；和相关学校结对子，平衡调剂，缓解师资结构性矛盾……看似"此地"不具备条件，但这些学校开动脑筋，通过各种手段挖潜增效，把走班制搞得风生水起，在与新高考改革对接过程中积累了经验，抢占了先机。

强调"此地"，还要做到因地制宜。一方面，借鉴他人经验时要考虑本地本校的实际情况，进行适应性、本地化的对接和改进，照抄照搬的做法在多数情况下会"水土不服"；另一方面，不要妄自菲薄，应多发现"此地"的特点，发掘"此地"独特资源，发挥"此地"的比较优势。比如现在中小学很重视科学教育，城市学校可资利用的科教资源较多，可以结合人工智能等现代信息技术和物理、化学、天文学等方面的最新成果开展科普宣传和科技创新活动。乡村学校科技创新活动怎么搞？一些乡村学校避短扬长，开展现代农业种植与管理、昆虫与植物生长观察、动物养殖等方面的科学探究，开展自然资源生态调查研究，指导学生动手制作当地特色产品等，同样起到了激发科学兴趣、培养科学精神、掌握一定的科学探究方法，进而提升学生科学素养的作用。

概而言之，"三此主义"是一种生活哲学，更是一种可迁移应用的思想理念。此身、此时、此地三者是相互关联的，实践中往往需要一体推进。在新时代背景下推进课程改革，需要发扬"三此主义"和创新精神，处理好责任、行动与现实的关系，扎根脚下大地，从自己做起，从现在做起。

（原载于《中国教育报》2024年11月22日第5版"主编漫笔"栏目，原标题为"基于此身此时此地推进课程改革"）

修炼三

成果提炼

导言

新时代的教师，不仅需要掌握教学的方法和技巧，还需要具备课程开发和教学研究的能力，做一名研究型教师。在基础教育国家级教学成果奖评审的带动下，各省市教育主管部门纷纷组织开展地方层面的教学成果奖培育、遴选活动，为中小学校长教师及教研员搭建平台，提供政策支持与激励。教师们应搭乘"有组织科研"的东风，提升教学成果研究与提炼能力，多产出成果，促进自身专业成长，并以教学研究成果反哺教学，提高教学质量。

教师的长处在于教学实践经验丰富，短板是理论素养相对不足。多数教师善讲但不善写。如何实现从"经历"到"经验"再到"成果"拾级而上的跃升，是困扰很多教师的难点。教学成果研究与提炼，有很多学问值得深究。要从根本上把握教学成果研究与提炼的价值导向和原则方向，凸显实践性、创新性特点，还要认清自身特点，明晰教学成果研究与提炼的基本逻辑路径，确定合适的选题，同时，在确定选题、厘清概念、梳理经验、总结模式、寻找理论基础、提供成效证明等方面，要凸显自身特色，不能盲目模仿他人，要掌握科学方法，以免走弯路。

教学成果的提炼与还原

2022年7月，经过公示并完成异议处理，教育部正式公布了第三届国家级教学成果奖获奖项目，其中，基础教育领域共评出特等奖2项，一等奖70项，二等奖498项。至此，四年一次的国家级教学成果奖评审工作尘埃落定。

国家级教学成果奖是国务院确定的，与国家自然科学奖、国家科技进步奖、国家技术发明奖并列的教育教学领域最高级别的奖项。对于基础教育战线1000多万教师、校长和教科研人员而言，获得基础教育国家级教学成果奖是极大的荣誉和激励。

基础教育国家级教学成果奖层次高、竞争激烈，获奖确非易事。许多项目团队为此孜孜以求，付出了长期而艰巨的努力。在成果培育与申报过程中，如何对长达数年乃至三四十年的实践探索进行概括、总结、提炼、升华，进行系统性梳理和反思，从日常教学实践活动中发现一般教育规律，从一校、一地的实验探索中发现普适性的经验、模式，再将感性认知转化为理性表达？这当中有太多的学问和值得深入探究的方式方法。可以说，提炼总结的过程就是教学成果由混沌走向明晰的过程，也是一步步走向领奖台的过程。很多优秀成果未能申报或中途铩羽而归，跟不善于提炼有很大关系。

无论从国家层面还是获奖团队和个人层面来讲，教学成果奖的评定与公布都不是终点，而是一个新的起点。从国家层面来看，设立基础教育国家级教学成果奖是为广大基础教育工作者提供一个展示交流和互相学习的平台，发挥成果的示范带动作用。正如教育部原副部长、中国教育学会顾问郑富芝所指出的：评奖不是目的，目的是引领推动改革，要做好成果推广的"后半篇文章"。

对于获奖团队和个人而言，一方面获奖后要对成果继续完善和深化，另一方面也肩负着做好成果推广工作的社会责任。如果说获奖过程是一个提炼总结、由实践到理论、由"做"到"写"的过程，那么获奖后的深化和推广，则是一个还原的过程，要从理论向实践还原，从成果文本回到日常的教学实践。教学成果奖，要能"提"起来，更要能"扎"下去。

在一些人看来，获得基础教育国家级教学成果奖就算修成正果、大功告成，可以"结题""上墙"了。而实际上，教学改革的追求没有止境，即使是获得特等奖、一等奖的成果也不可能尽善尽美。每份教学成果奖申报材料，在最后部分通常会对成果不足之处进行反思，提出未来继续推进改革、完善成果的规划和展望。获奖后，研究团队更应该静下心来"复盘"，将成果申报文本与实践对照一下，看看哪些是应该固化下来、继续坚持和发扬的经验，哪些地方还有待改进，又如何去落实成果申报书中所提到的进一步深化完善成果的规划和展望。比如李吉林2014年获得首届基础教育国家级教学成果奖特等奖（成果项目："情境教育实践探索与理论研究"）后，仍孜孜不倦地研究情境教育的中国范式，不断完善情境教育的理论体系，直至2019年去世，真正做到了"一生做教育，半生探情境"。清华附小窦桂梅校长率团队获得首届基础教育国家级教学成果奖一等奖（成果项目："小学语文主题教学实践研究"）后，结合新时代课程教学改革的新理念、新方向，继续探索发展小学语文主题教学，她本人始终没有离开讲台，在繁忙的行政工作之余，开发和执教了多堂语文主题教学的"研究课""示范课"。这些获奖成果源于实践又回归实践，引领带动更大范围的实践，并在实践中进一步得到发展和提升。

在成果奖的宣传推广、学习借鉴上，也需要强调"还原"。

申报教学成果奖、填写申报书，因为字数的限制，所以表述需高度凝练。如何用不到一千字的篇幅对成果进行概述、用几百字的篇幅概括成果的创新亮点，确实非常考验提炼能力和写作功力。或许因为提炼起来太不易，所以很多获奖者在对外介绍成果经验时，往往把高度概括的文本材料奉为圭臬。在过去两届的教学成果奖宣传报道中，笔者就多次遇到过这样的情况：获奖者发来的稿件，要么"只见骨架没有血肉"，要么大讲该成果的重要价值和意义、创新亮点、作用及效果，用了很多抽象概括的评价性语言（包括专家评价和自我评价），但是对于实践操作层面的做法和经验，往往语焉不详或一笔带过。其结果就是，别人认真通读了全文还是不明白实践中该如何操作，想学习也无从学起。"皮之不存，毛将焉附？"不讲具体的实践做法，那些评价性语言自然无法激起读者、学习者的共鸣。

正确的做法是从高度概括的成果文本回归实践，还原成果的研究探索过程，特别是要讲清楚或展示出创新性的、具体的实践做法，要可操作、可借鉴，凸显其推广应用价值。但这样的还原，显然比直接把提炼出的成果文本扔给别人要费时费力。有些获奖团队或个人对宣传推广不太热心，美其名曰"低调"，其实是缺乏公益情怀和社会责任感的表现，因为在需要拿教学成果奖说事儿的时候，他们并不低调。

北京市海淀区教师进修学校2018年获得第二届基础教育国家级教学成果奖一等奖（成果项目："创建基于课程标准的区域教学改进体系"）后，举办了多场宣传推广活动。他们通过"主题报告+工作坊研修"及"一校一现场"的方式，围绕成果展开深入的学习研讨，让学习者以亲历体验的方式，理解成果的内涵，掌握成果的实操策略，并在学习研讨过程中发现问题，更好地将成果经验与自身教学教研实际结合起来。这样的成果推广与学习，无疑会让学习者有更深的感悟、更大的收获。

基础教育国家级教学成果奖强调实践特色，本质上是基于实践的一个奖项。我们常说，学习借鉴他人教学成果不能"只学其形，不得其神"，这是说不能僵化地生搬硬套、抄作业，而要因时因地制宜，灵活转化。这与强调学习实践经验、具体做法并不矛盾。一些上位的理念和精神，容易取得共识，学起来也不难。难的是如何找准解决问题的突破口，如何创造性地把先进的理念落实到教育活动和课堂教学中，而教学成果奖就是一个示范的样板。这个样板要让学习者获得方法论上的启迪，激发共鸣、触类旁通，就必须突出实操经验。从这个角度来说，学习教学成果奖，也应该"大处着眼，小处着手""致广大而尽精微"。

（原载于《中国教育报》2023年8月18日第3版"主编漫笔"栏目）

提炼和培育教学成果应坚守四性

为鼓励一线教师通过实践探索解决教育教学中的实际问题,发挥教学成果的示范引领作用,促进不同地区不同学校互相学习借鉴、共同提高,国家从2014年开始设立基础教育国家级教学成果奖,每四年组织评审一次。与之相应,各省(自治区、直辖市)各级教育主管部门跟进设立相应层级的基础教育教学成果奖,评审周期1～4年不等,同时出台政策,建立相应机制,积极培育本地区教学成果。

各层级的基础教育教学成果奖的设立提高了一线教师的问题意识,激发了他们进行课程开发和教学研究的热情,使他们自觉从理论与实践相结合的视角检视自身的教学行为。但是笔者在采访和调研过程中发现,一些教师想搞教学研究却不知如何确定选题,找不准方向;还有一些教师在培育教学成果、做课题研究的过程中,存在一些认识上的误区。

开展教学研究、提炼和培育教学成果的根本目的在于提升教师、校长的教科研能力,进而提高教育教学质量。笔者认为,要达到这一目标,在开展教学研究时需要把握好以下四个原则。

彰显价值性,处理好"顶天"与"立地"的关系

开展一项教学研究、培育一项教学成果,首先要考虑的是价值导向问题。国家级教学成果奖和地方各级教学成果奖,均把坚持正确的政治方向和价值导向作为首要原则,规定对于有方向性问题的教学成果,在评审时

一票否决。

教学成果的价值体现在哪里？可以用"顶天"与"立地"两个词来概括。所谓"顶天"，就是要贯彻党的教育方针，落实立德树人根本任务，体现"五育"并举、德智体美劳全面发展的育人要求；要遵守教育法律法规和相关政策文件，体现义务教育课标及高中课标要求，符合当前课程教学改革的政策导向。所谓"立地"，就是要遵循学生身心发展规律、儿童认知规律和教育教学规律，有针对性地研究和解决教学中存在的实际问题，提高课堂教学质量，提升学生发展核心素养。

"顶天"与"立地"二者在内在逻辑上是统一而非对立的，开展教学研究必须二者兼顾。"顶天"不是说大话、喊口号，不是像大会发言或写公文稿一样在开头加上一个"帽段"，而是要真正把上位的方针政策、理念精神和具体要求有机融入到具体的实践探索中，做到"站在天安门城楼想问题，蹲在田间地头找答案"。

可能有些教师会说，在坚持正确价值导向这样的原则性问题上，不会出偏差的。其实未必！涉及一些具体问题的时候，往往容易犯迷糊。比如近年来考试命题注重考查学生的核心素养，于是有些学校和教师就开始思考和研究：学生的核心素养有何具体表现？如何拆解、如何与知识点对应？他们为此研究开发出学生核心素养行为表现与对应教学策略的双向细目表。这样的研究探索看似颇有新意，实则与核心素养理念大相径庭。学生发展核心素养是学生经过学习而形成的必备品格、关键能力和正确价值观，是不可分割的整体。将学生发展核心素养从行为表现角度进行拆解，有针对性地开展以"提分"为目的的教学，背离了素质教育理念，将提升学生核心素养引向了"核心素养应试"的歧路。与此类似，2020年部分高校推出"强基计划"后，一些中学开始研究"强基计划"考核测试的特点，并开设相关补习班和培训课程，助力学生过关。这样的做法实质上就是"强基应试"，同样背离了"强基计划"进行人才选拔的初衷。还有些学校在体育、美育方面开展的改革探索，表面看提高了学生的成绩，但不符合儿童身心发展规律，导致学生失去兴趣，甚至损害了学生身心健康。类似这样的教学研究，大方向错了，即使有新意、有创意也没有价值，应该坚决摈弃。

体现时代性，处理好热点与冷门的关系

一代人有一代人的使命，一个时代有一个时代的特点。身处建设教育强国新征程的教育者，应该聚焦具有时代性的教育命题，担起这个时代教育发展攻坚克难、创新突破的重任。而这些具有时代性的命题，往往就是当下的热点探索方向和热点议题。

从这个意义上讲，具有时代性的教学研究，应该体现时代发展潮流和改革发展走向，同时应该采用具有时代特征的语言及表达方式。就当前而言，劳动教育、体教融合、科学教育、"双减"政策、校家社协同育人、人工智能与教育信息化等都是热点探索领域；义务教育新课标及高中课标倡导的围绕核心素养培育而进行的大概念大单元教学、跨学科主题学习、情境化教学、学科实践、整本书阅读等，都是教学改革的热点研究方向。事实上，2022年的基础教育国家级教学成果奖的很多获奖项目，就集中于这些方面。

一线教育工作者应积极参与热点领域的研究和探索，但是要辩证思考，处理好热点与冷门的关系。热点与冷门是相对的，且可随着时代变化而互相转化。比如："双基"时代很多有关教材教法的研究成果，今天看来已经过时，甚至成了批评的对象；十多年前，在很多中小学，劳动课程名存实亡，关于劳动教育的研究少之又少，但这种情况在2018年全国教育大会召开后彻底改观；在若干年前，有关孤独症、多动症儿童学习问题的研究是个小众话题，但是如今其重要性和现实意义越发凸显；随着ChatGPT和Sora横空出世，人工智能与课程教学的深度融合成为当仁不让的热点……

热点代表着教育改革的方向。一线教育工作者应具备捕捉热点的敏感性，但又不宜盲目追逐热点。比如人工智能大热之后，有些教师将人工智能技术助推学科教学改革作为研究方向，笔者看过一些相关教学研究成果，对教学中存在的问题分析很到位，提出的相关教学改革举措也有针对

性，但只是在教学过程中使用了一些简单的互联网技术手段，跟人工智能没多大关系。这样的教学研究就属于"蹭热点"了，不仅不会得到认可，还可能贻笑大方。

现实中还存在另一种倾向，有的教师认为热点研究领域竞争激烈，总想找一条路宽人少的"赛道"。这样为了回避竞争而寻找冷门，往往难以找到真正有价值的研究项目。且不说这样的赛道很难找，即使真的找到了，也应冷静地想一想：为什么这个问题大家都不去研究呢？有没有研究的价值？会不会是"道旁苦李"？

总而言之，热点或冷门皆可出成果，但是无论哪种情况，都应结合教学实际和资源条件，从研究项目本身的价值和意义出发进行思考辨析，做出理性选择。

突出实践性，处理好"切口"与"接口"的关系

教学成果奖的评审，要求所报成果必须是教育教学实践成果，要突出实践性，围绕教育教学过程中存在的问题，提出解决方案和改进的思路、方法。这一定位把教学成果与纯粹的教育理论研究成果区分开来，也是一个明确的导向。中小学教师和校长，包括一线教研员，都是教育实践工作者，其研究理应立足实践，以问题为导向，以解决问题为落脚点。

实践成果往往不宜过于宏观和抽象。正如顾明远先生所言"教书育人在细微处，学生成长在活动中"，落实立德树人根本任务、建立"五育"融合育人机制、培育学生核心素养等宏大主题，体现在教育教学的方方面面，涉及每个学科，在确定选题时要视团队力量和资源情况量力而行，不能贪大求全，能在某个方面有所突破、有所创新，为构建大体系添砖加瓦就很好了。选题可以小角度切入、垂直深入，把一个问题研究深研究透，但是也应思考：这项研究是否具有开放性、延展性，是否有向外拓展的通用"接口"，即这项研究是否有借鉴和推广价值，是否具有向更深层次或更广领域扩展的可能？比如有的学校开发了某门校本课程，确实做得很好、很有特色，但是对资源条件要求较高，缺乏普适性，对别人来说很

难复制或开发类似课程，那这个成果的价值和意义就大打折扣了。"切口"小是为了避免流于空泛，集中力量突破难关，而"接口"宽才能使成果"以小见大"。

实践是检验真理的唯一标准。实践性成果更需要通过实践来证明其科学性和有效性，而时间就是证明的要素之一。但是近年来，笔者发现有一种不好的倾向，一些教师在总结提炼教学成果时，标题动辄就是"××探索二十年""××三十年之研究"，甚至有人提出其研究成果进行了80年的探索，这样算起来在新中国成立之前就开始研究了。成果的探索时间起点该怎么算，这需要具体问题具体分析，但是有很多成果在研究时间的表述上是不严谨、不科学的。在某方面有一定的文化积淀、历史渊源和探索基础，与有意识、有目的、有规划地开展某项实践研究不能混为一谈。这种虚构、人为拉长研究时间的做法，某种意义上也是一种弄虚作假。

强调原创性，处理好继承与创新的关系

如前所述，教学成果强调实践性，但这并不意味着教学成果不需要、不能够进行理论上的创新。这就如同将数学、物理、化学、生物的基础理论（science）应用于工程技术领域（technology），开发出某种新技术或制造出新产品，这一过程中既有理论上的创新，也有实践上的创新。

实践性教学成果的创新，多是以某种教育理论为指导、"踩在前人的肩膀上"进行的，应在合理继承的基础上有所突破和发展。这一方面要求找到教育理论与成果之间的内在联系，讲清楚成果的理论依据，不能牵强附会、"扯虎皮当大旗"；另一方面，成果中要有原创性的贡献，不能照搬照套别人的东西。只是验证或应用别人的教学范式取得良好效果，那不是创新成果，只有构建起自己的教学目标体系、教学模式或评价体系、资源支持体系等，才是真正的实践创新，是属于自己的创新。

笔者认为，在创新的过程中，要防止两种不好的倾向：一种是为创新而盲目生造新概念、新名词、新模式，最常见的是总结提炼出几个比较工整的关键词，再配上数字，冠名某某体系或模式，把理论当个筐，什么都

往里面装。另一种是为凸显理论高度，引入很多晦涩难懂的学术性词语，把简单的道理讲复杂了，或是脱离实践将主题拔高到诸如"丰富生命的意义""提升人生的价值"等抽象虚化的层面。这种形式化的创新、"为赋新词强说愁"，与提炼、培育基础教育教学成果"从教学中来、反哺教学"的导向和初心是背道而驰的。

（原载于《中国教育报》2023年11月10日第5版"主编漫笔"栏目）

认识自我：教学成果提炼的基础

"认识你自己！"这句刻在希腊圣城德尔斐神殿上的箴言告诫世人：认识自己，看似简单，实则是很难的一件事情。

教学成果研究面临同样的问题，客观、科学地认识自我是培育和提炼教学成果的重要前提。

这里的"自我"指的是成果研究团队及其成果本身。有些人对某个问题研究了很多年，对成果涉及的领域非常熟悉，但是未必能认清自己成果的特性，就如同很多父母并不真正了解自己的孩子一样。

如何认识自我？睿智的苏格拉底告诉我们，先要回答三个核心问题："我是谁？我从哪里来？我要到哪里去？"

"我是谁"——发现研究团队的局限及比较优势

回答"我是谁"，就是要分析清楚研究团队自身的特点和优劣势。

教学成果的研究者，可以是一个人，也可以是一个团队。个人的能力、视野、时间和精力毕竟是有局限的，如今越来越多的教学成果是团队合作的结晶。

如何组建教学成果的研究团队？首先，要确定一个核心，也就是研究项目的负责人、研究成果的第一作者。研究团队的核心人物或负责人应具备较高的专业水平，同时具有较强的组织协调能力，能担负起教学成果研究的统筹规划、人员分工、方向调整等工作，关键时候负责拍板决策。其次，科学合理的研究团队，其成员应形成互补关系，各自发挥所长，形成"1+1>2"的效应，比如有的成员以理论研究见长，有的成员教学实践经验丰富，有的成员善于统计分析，有的成员长于文本写作，这样差异互补的团队，工作起来效率更高。再次，还要考虑团队是否能找到"外援"。项目研究过程中，可能会遇到一些难题，超出研究团队成员的认知范畴，比如中小学教师大多教学实践经验丰富，但是理论知识较为薄弱，对于概念的内涵及相互关系等理解不太透彻，在此情况下，邀请师范大学或教科院所的专家参与指导是很有必要的。

更为重要的是，研究团队应客观分析自己的优势与劣势，从而选择适合本团队的研究项目。所谓"尺有所短寸有所长"，选择研究项目时清楚自身的短板，才能扬长避短，充分发挥比较优势。比如对于中小学教师、校长而言，过于宏大、涉及面比较宽的题目往往不太适合。在初步选择一个研究方向后，研究团队应先进行相关参考文献的研究梳理，看一看对于该问题，国内外已有哪些研究，哪些方面的研究比较充分，哪些方面的研究比较薄弱，还有哪些领域属于空白，值得深入研究，从而确定可以有所作为的细分研究领域。

发挥比较优势的另一个途径是从自身研究基础出发，选择本研究团队成员熟悉的、长期关注的领域。同一个选题方向，在此方面有多年探索的积淀（不一定与当下研究项目完全吻合），一般而言比白手起家、新设炉灶更有优势。从过去三届基础教育国家级教学成果奖评选来看，获得特等奖、一等奖的很多项目，都是经过十几年乃至三四十年的实践探索而形成的。

在一个宽广的视域中对比分析，才能更好地认识自己，这是做到"人无我有""人有我优"的前提。笔者发现，有的研究团队的实践做法颇有创新，但看不到自身的闪光点，在进行成果提炼时反而去模仿别人的套路，埋没了"真我的风采"，实在是可惜。"不识庐山真面目，只缘身在此山中"，这句诗的哲理所在，就说明了人们在认识自我时的局限。

"我从哪里来"——找准选题的依据及现实针对性

回答"我从哪里来",就是要搞清楚自己的研究项目选题依据是什么,是从哪里生发出来的。

基础教育的教学成果研究强调问题导向,具有很强的现实针对性,要求研究成果能切实解决课堂教学中存在的一些具有普遍性、共通性的问题。教学成果研究项目首先是从"问题"生发出来的。因此,研究团队应该自问:我的研究成果解决了什么现实问题?在教学成果奖的申报表中,一个重要的部分就是要求阐述"解决的问题"。这个"问题"必须是来自教学实践的真问题而非伪命题,教学成果的研究也应该针对这一问题而展开。

政策导向是确定教学成果研究课题的重要依据之一,因为政策导向往往反映了当下改革的热点难点问题,具有鲜明的时代性。很多教学成果研究项目就是新政策催生出来的。因此,研究团队应该与中央、教育部出台的各种政策文件对标,看看自己的研究是否符合国家的政策导向和时代发展潮流。比如义务教育阶段的课程标准(2022年版)和普通高中课程标准(2017年版2020年修订),提出了很多教学改革的新理念,如跨学科主题学习、学科实践、大概念教学、大单元教学、项目式学习等等,这些为今后中小学课程教学指明了改革方向,自然会成为探索研究的热点领域。

思考选题从哪里来,还要重视教学成果研究的"源"与"流",也就是要清楚本团队研究的理论基础、理论依据是什么。比如建构主义学习理论、多元智能理论、人本主义理论、杜威"新三中心论"、深度学习理论、生活教育理论、情境教育理论等,是现在很多中小学进行的课程教学改革探索的理论源头。研究团队确定某个研究题目之前,应向上溯源,了解其上位的理论是什么,这一理论在具体实践中又经过了怎样的发展和演变过程,从而明晰自己的研究在这个理论体系"大家庭"中的位置以及和其他"旁枝"之间是什么关系。

课程教学改革是一项复杂而系统的工程,涉及教育理念、教学内容、教学方法、评价体系等多个方面。明确项目研究的理论源头，深刻理解推进改革的理论依据，才能更好地确保改革的成功和有效性。这些理论依据不仅包括教育学和心理学的基本原理，还包括对学习者特性、学科本质、教学方法的深入理解。理论上的溯源可以帮助教育工作者更好地理解学习的本质，设计出更符合学生学习规律和认知特点的教学方案，从而提高教学效果和学习效率。

"我要到哪里去"——明确选题的价值意蕴和目标追求

回答"我要到哪里去"，就是要明确教学成果研究的价值追求和目标。

教学成果研究不同于学校办学经验或教师教学经验的自然积累，它是有意识、有组织、有规划、有目标的行动。选题的价值追求是教学成果的灵魂，是教学研究的"诗和远方"，也是评判教学成果水平高低的重要维度。

笔者发现，很多教学成果研究项目，有具体细分目标而没有总体目标，有"术"的目标而没有"道"的追求，这样的教学成果，在立意上不够高远。当下的中小学课程教学改革已进入核心素养时代，核心素养是人的素养，落实立德树人根本任务，贯彻"五育"并举教育方针，落脚点是培养德智体美劳全面发展的人。教学研究的中间产品，可能是课程体系的创新构建、教学方式与评价方式的革新、教学技术的进步等，但终点是育人。因此，教学成果的研究，必须"目中有人"，围绕人的发展来推进教育教学改革，明白了这一点，就不至于出现"目标"与"手段"不分或本末倒置的问题。

教学成果研究要有正确的价值导向和目标追求，但是这种价值追求不是喊口号、唱高调，不能虚化，必须跟教学改革的实践密切结合起来，"道"的追求还需有"术"的支撑，要依托"术"去落地，否则就是空谈。

小学语文名师管建刚在作文教学改革方面颇有研究，进行了十几年"先学后教"的实践探索。他告诉笔者，刚开始，在研究作文教学时总觉得仅停留在作文写作技法指导的层面是不够的，于是他开始反思：俗话说文如其人、言为心声，作文直接反映并影响着学生的情感态度价值观。自己进行作文教学改革的初心是什么？不就是想改变当下小学生写作文无话可说、作文中充斥着假话空话套话的状况吗？于是，管建刚将作文教学改革目标确定为引导学生"说真话、做真人"，将作文教学研究提升到育人的高度，思路一下子豁然开朗，许多困惑也就迎刃而解了。

这个例子告诉我们，教学研究既要脚踏实地，又要仰望星空。研究者如果陷于具体的研究而看不清方向与目标，就应该退回到原点，追问自己：这样做的初衷是什么，为什么要这样做？

回答"我要到哪里去"，就是一个认识和发掘自己所做研究的深层价值的过程。

（原载于《中国教育报》2024年9月6日第5版"主编漫笔"栏目）

教学成果研究的路径
——在实践中总结理论

当下,各地都在为申报 2026 年基础教育国家级教学成果奖进行遴选和培育工作。教学成果奖的评审,要求针对教育教学过程中的实际问题提出解决的思路和方法,实践性强,但这不等于没有理论性方面的要求。优秀的教学成果应在理论上有一定的创新突破,能提出自己的理论见解或丰富完善现有理论。

在教学成果研究与提炼的过程中,处理好理论与实践的关系,事关教学成果研究的基本逻辑与基本路径,这不是简简单单一句"理论联系实际"可以概括和解决的。

2024 年 9 月,日本的佐藤学教授访问中国,与华东师范大学李政涛教授进行了一场对话。佐藤学教授在对话中谈到,教育理论和教育实践之间有三种关系:第一种是理论的实践化,第二种是实践的理论化,第三种是在实践中总结理论。

教学成果研究和提炼属于哪种情形,或者说,最适合采取哪种方式呢?佐藤学提出的第一种关系是基于已有理论开展实践研究,第二种关系是基于已有实践进行理论研究,都需要研究者和实践者两方面密切合作。而教学成果的研究者主要是实践者(尽管很多项目也有理论研究者参与指导),且这个实践探索不是已有的、他人的,而是基于自己在教育教学过程中遇到的现实问题去有意识、有计划开展的研究。正如佐藤学教授所指出:"在教学过程中,教师们往往在不经意间积累了丰富的实践性知识,这些知识在日复一日的教学活动中不断沉淀,并形成了一种独特的实践理论。他们可能并没有清晰地意识到这些理论的存在,而是在无意识中创造和应用它们……这正是他们基于日常教学经验所总结出的理论。"所以,教学成果的理论源于实践过程,教育成果研究与提炼的最佳路径是第三种,即"在实践中总结理论"。

"在实践中总结理论"启示我们:首先,教学成果的研究和提炼要经历一个过程,"心急吃不了热豆腐";其次,二者是有顺序的,实践探索在前,理论总结在后,实践探索是理论总结的基础与前提。

循着这样的逻辑,反观一些团队的教学成果研究与提炼,不难发现一些问题。在2022年第三届基础教育国家级教学成果奖评选结果公布后,很多地方和学校就开始为申报2026年第四届基础教育国家级教学成果奖做准备了。按理说,这个阶段主要应该把精力放在研究教学实践中还存在哪些问题、如何改进,但是笔者发现,很多研究团队请专家去指导,重点是讨论如何提炼总结、如何撰写教学成果奖申报材料,对于接下来这两三年的时间里如何进一步改进和完善实践,却不太上心。这也难怪一些教育界人士发出"教学成果奖到底是做出来的还是写出来的"的拷问。

做是写的基础,没有前期扎实的实践探索,后期的提炼写作就只能做表面文章、玩文字游戏。笔者认为,在整个教学成果研究和提炼过程中,应将绝大部分时间和精力用在扎扎实实开展实践探索上,而在实际中,很多地方和学校本末倒置了。

进入2025年,确实该着手进行教学成果的提炼总结和申报材料的写作了。各地遴选教学成果奖的申报材料要求与国家级教学成果奖的类似,主要材料包括申报书和成果报告。申报书通常包括"成果简介""解决问题的过程与方法(研究阶段)""成果创新点""成果应用及效果"等几个部分,且每一部分规定了500~800不等的字数限制。另一份材料就是通常所说的8000字的成果报告书。笔者发现,很多学校邀请专家指导撰写申报材料,都是从精细打磨"成果简介""成果创新点"等入手。有专家认为,这个比较重要,先把这些提炼好、写明白,纲举目张,再去写那详细的8000字成果报告就比较顺手。

先提炼简短的成果概要、创新点还是先写详细具体的成果主要内容？这个优先顺序的背后体现出不同的思维逻辑。

先提炼成果简介和创新点，再以此为提纲去扩充内容，寻找相应的实践支撑，体现的是一种演绎思维。这种思维模式通常更适用于"理论的实践化"——将某项具有普遍意义的理论用于指导实践，形成创新实践体系。另一种做法是先梳理教学改革实践探索的主要内容、做法、经验，在梳理过程中发现创新亮点，形成自己的理论框架和阐释体系，构建起自己的教学模式或实践支持体系。这是一个归纳的思维过程。显然，归纳的思维模式更契合"在实践中总结理论"的教学成果研究和提炼路径。

事实也证明了这一点。一些教学成果研究团队的负责人告诉笔者，他们邀请理论专家指导，帮忙总结提炼理论框架和"成果简介""成果创新点"等，但是感觉"和实际对不上号""不像是我们自己的成果""好多有创新的东西反而看不到、没处放了"。为什么会出现这样的现象呢？根本原因就在于指导专家对该项目的实践过程、具体实践做法缺乏深入细致的了解。这样凭过往经验和主观看法构造出的理论体系或框架与实际不符，按这样的框架往下写，有可能迫使研究团队不得不牵强附会地拼凑一些东西，甚至弄虚作假。笔者也发现，很多教学成果的文本，其中"成果简介""成果创新点""解决问题的过程与方法（研究阶段）"的表述严谨、华丽，可谓豆蔻词工，但是却难以激发别人的兴奋点，因为从中看不到有个性特色、有创新意义、有借鉴价值的实实在在的举措。相反，笔者和研究团队的人员抛开成果申报书，面对面聊一聊，反而发现了不少埋藏着的珍珠。

如果把提炼教学成果比作制造珍珠项链，那么要做出一串精美的项链，先要搞清楚自己有多少颗珍珠，大小、色泽如何，藏在什么地方，逐一发掘出来，然后再考虑如何设计款式和串联起来，使之精美而有特色。所以，在撰写申报材料时，笔者建议先从8000字的成果报告书入手，立足真实的实践探索经历，把"成果主要内容"这部分梳理清楚。成果主要内容写得清晰而充分，"成果简介""成果创新点"以及"解决问题的过程与方法（研究阶段）"等就水到渠成了。它们都是建立在成果主要内容的基础上的，不先夯实这一基础就去做各种花式提炼总结，只是制造空中楼阁。

我们常说，从实践中来，到实践中去。教学成果的研究和提炼，本质上就是"从实践中来"，是以归纳的思维逻辑，"在实践中总结理论"的过程。

（原载于《基础教育课程》2025年第3期）

提炼教学成果的"十要十忌"

自2014年首届基础教育国家级教学成果奖颁发,已历经三届,十年弹指一挥间。国家及地方各层级基础教育教学成果奖的评选极大地激发了学校及教师开展教学研究的自觉意识和热情,以研促教,提高了教师的课程开发能力和课堂教学水平。

教学成果研究不同于一般化的教研。如何从教学实践中提炼出可称之为"成果"的东西?成果培育和提炼过程中要注意些什么问题?笔者结合多年来参与国家级教学成果奖评审、部分省市教学成果奖评审及参与部分学校教学成果讨论与指导的经历,梳理出提炼教学成果时常见的十个方面的问题,谓之"十忌"。吸取他人的经验教训,才能少走弯路,提高成果提炼的效率。

选题大小要合宜,忌贪大求全

"你这个选题太大了。"这恐怕是参加教学成果讨论指导时,笔者听到专家们讲得最多的一句话了。确定选题是教学研究的第一步,也是影响教学成果质量的重要因素。选题大不等于选题的价值和意义也大,相反,真正有价值的选题往往是垂直深入、以小见大的。有些教学成果的选题,如"中小学立德树人落实机制的研究""新课程背景下课堂教学有效性的研究"等,光看题目就让人觉得过大、过于宽泛。选题过大往往会导致研究边界模糊,缺乏焦点。由于涉及的内容过多,研究者往往会感到无从下手，更难以集中力量在某一方面取得重点突破。

选题的大与小是相对的。同样一个选题，可能对甲研究团队而言是合适的，对乙研究团队而言却显得大了。比如，某地级市一所普通小学拟开展"拔尖创新人才的遴选与培养机制"的研究。这个选题对省市级的教科研机构来说是一个好选题，但是对一所小学而言，充其量只能研究"基础教育阶段拔尖创新人才的早期发现"这样一个子课题，更何况拔尖创新人才的选拔需要在一个较大的范围、较大的群体中进行才有意义，一所小学的学生人数非常有限，谈何"遴选"？所以学校和教师在确定选题时，要量力而行、量体裁衣，找准自身定位，切忌贪大求全，应综合考虑选题落实的难度、所需资源支持及研究可能面临的风险，尽量选择有研究基础和资源优势、针对性和操作性强、切口小而具有普遍性的课题。

基本概念要界定清楚，忌含糊混用

新课程改革提出了一系列新理念和新概念，比如核心素养、学科核心素养、学业质量标准、情境教学、跨学科主题学习、学科实践、大概念、大单元教学、学习任务群、项目式学习、深度学习等等。在进行教学研究和成果提炼时，如果对这些基本概念的内涵与外延界定不清，对概念的初始结构（即范畴）缺乏深刻的理解，那么基于这些概念的推理和结论就有可能站不住脚。

基本概念界定不清、似是而非，常常会导致出现四个方面的问题：

一是张冠李戴、南辕北辙，题目和内容对接不上。比如有的教学成果，题目是关于"学科实践"的研究，具体内容讲的却是"综合实践活动课程"的建设；有的成果题目讲的是课程思政的落实方式，主要内容讲的却是道德与法治课程的课堂教学创新。此外，有的教学成果文本材料中，基本概念含混不清且不断变动和偷换概念，导致整个成果表述缺乏一致性，让人难以理解。

二是以泛化的表达取代严谨的学术概念。比如现在大家广泛使用"深度学习"一词，但是深度学习的本质内涵是什么，深度学习具有什么样的特征，深度学习追求的目标是什么，很多教师对此未做深入探讨，就将课堂教学的各种创新探索一股脑儿往深度学习这个"筐"里装。

三是逻辑混乱。概念与概念之间的逻辑关系是构建学科知识体系的基础。一些研究者对概念的内涵认识不清，导致在提炼成果时逻辑混乱，出现上位概念与下位概念颠倒、因果关系颠倒、对比不在同一层面等问题，或是把目标视为手段、把手段视为目标，如此等等，不一而足。

四是理解片面或内涵重要维度缺失。受思维定势的影响，如果对一些概念的理解"随大流"，就可能造成片面的理解，比如很多人在谈到中华优秀传统文化时，想到的就是四书五经、唐诗宋词等，但实际上，中华传统文化的内容及表现形式是多样而丰富的。中华优秀传统文化不仅包括体现在经典著作和文学作品中的思想文化，还包括民族音乐、民族戏剧、曲艺、国画、书法、对联、灯谜等艺术文化，传统节日和民俗文化、中医、武术等也属于中华传统文化的范畴。再比如，有的学校开展科学教育，差不多全部精力都花在举办科技创新活动、提高学生动手能力上。这说明学校对什么是科学教育、科学教育的目标是什么，存在理解上的偏差。科学教育的核心目标是提高学生的科学素养，那么，什么是科学素养？除了掌握一定的科学知识、掌握一定科研探索的方法外，科学态度、科学精神及科学家精神亦是科学素养非常重要的一个方面。研究团队应对此概念的内涵进行界定，缺失了上述维度显然是不行的。

在进行成果提炼时，不仅要对涉及的核心概念进行界定，对一些看似不需要界定的概念更要引起重视。厘清基本概念犹如为教学研究"打地基"，对概念及概念间的关系认识不清，后续的研究就如同建立在流沙之上的楼阁，看起来很美，但经不起质询，一推就散架了。笔者建议，在研究的起始阶段，就要对涉及的基本概念进行梳理和界定，特别要有追根溯源、于无疑处生疑的精神。

提炼核心主旨要聚焦内容实质，忌生造名词和模式

生造概念、名词，热衷于创造新的教学模式是新课改过程中出现的一

种广受批评的现象。一些学校和教师在教学成果培育与提炼的过程中也存在类似的问题，而且大家在互相模仿的过程中似乎形成了一种总结提炼的"模式"：关键词字数相同、语法结构一致，常提炼总结为X核、X维、X性、X化、X线、X点、X径、X心、X位一体（X代表不同的数字），将其中若干方面进行积木块式的组合，便形成了成果的结构体系或教学模式。因为要形成工整对仗的词语结构或排比句式，一些研究团队在提炼总结时就生造出一些词语和概念，或是使用一些不规范、令人费解的简称。

有的学校围绕校名、校训或当地人文、地理特色进行阐发，提出"某某教育"或"某某教学模式"；还有学校依据"四季""五行""七色光"等意象来构建课程体系。不能一概而论地说这样的提炼方式不好，但若形成一种风气，其弊端也是显而易见的：其一，容易因追求文字表述上的精美和工整而牵强附会、以辞害意；其二，容易造成雷同，进而带来审美疲劳和思维僵化；其三，也是最重要的，可能导致大家忙于阐释浮于表面的东西，沉迷于文字游戏而忽视了实质性的创新和内在价值的发掘，忽视了理论、概念、模式与自身特点是否匹配。从某种意义上讲，这就是教学成果提炼的形式主义。

要明确教学成果特性，忌机械套用教科研成果模式

教学成果研究与其他教育科学研究都应遵循科研的一般规律和规范，但教学成果的研究又有其特点，那就是更加突出实践性、应用性，因此在提炼教学成果时，不能完全照搬、套用其他各种基金、项目支持的教育科研课题的研究及成果文本撰写思路。

常规教育科研成果在问题提出部分更注重文献综述和核心概念的阐释，而教学成果更注重问题的现实针对性；常规教育科研成果更注重研究过程和方法，而对教学成果而言，研究过程和方法只是证明成果的合理性；常规教育科研成果更注重从学理层面讲明"是什么"和"为什么"，而教学成果更注重问题的解决，讲清楚"怎么做"；常规教育科研成果的研究范围较为宽广，而教学成果的研究应紧扣"教学"二字展开，体现实践性定

位。比如针对某个问题或现象进行深入的调查统计和分析研究，提出相应对策建议，就可以完成一项教育科研课题，而教学成果研究虽然也可能需要进行调查分析，但它不是成果的主体和核心内容，单纯的调查研究不宜作为教学成果研究的课题。

要提炼一般规律，忌经验的简单堆砌

"这只是学校工作（或教学经验）的总结材料。"这是笔者和很多专家在讨论某些教学成果文本时的共同感觉。教学经历和案例是构成教学经验的基础，但教学经历和案例不等同于教学经验。同样地，教学经验也不等同于教学成果。教学经历及教学案例、教学经验、教学成果是三个层面的东西，从教学经历和案例走向教学经验再升华为教学成果，要经历一个不断提炼反思、拾级而上的过程。

经验的堆砌往往给人散乱、不够深入的印象。学校的教育教学改革经验或教师的教学经验，与教学成果最大的区别在于是不是聚焦于某个核心问题进行有意识的研究和实践探索。有些校长和教师也许会说："你看，我这几条经验也是紧紧围绕一个主题的啊！"这实质上只是一种"主题归类"或"同题集中"的处理方法。这若干条经验之间有何内在关联，形成什么样的体系和逻辑结构？有没有围绕该主题去探索其内在的一般性规律、普适性的操作模式及教学支持体系？这些经验有没有经过更大范围和更严格条件的验证？这些都是基于经验进行教学成果提炼时要重点思考的问题，也是一份材料能称其为"成果"的重要特征。

要客观平实地表述，忌过多进行主观评价

总体而言，教学成果的文本应该是一种陈述介绍的话语体系，但是笔者发现，很多教学成果申报材料的字里行间充斥着大量自我评价性的语言，诸如该成果具有什么特点，体现了什么精神理念，达到了什么样的目标，"价值导向明确""创新性突出""操作性强""具有重要的现实意义和

推广价值""取得显著成效"等空泛的评语反复出现,这样非但不能凸显成果亮点,反而让人有"王婆卖瓜自卖自夸"之感,甚至让人对成果的客观性、真实性产生怀疑。

每个教学成果研究团队都有自己的价值追求及预定目标,但实际状况是否达到了期望值,不是由自己说了算的。教学成果的提炼,可以借鉴中学综合素质评价的做法,尽量以客观、平实的语言对实践探索进行事实性的记录和陈述,至于成果的创新性和引领性如何、价值和意义何在、是否值得推广和学习,则应让评审专家及同行通过成果材料去感知、分析,作出判断和评价,研究团队要相信他们有这个评价和鉴别的能力。对成果的实质性内容语焉不详,反而过多进行自我评价,这是一种本末倒置的行为,其结果是讲了很多,别人还是一脸蒙,不知道该怎么学、怎么做。

要找准自身优势,忌盲目追逐热点

时代的发展和新课程改革催生了一批教育教学改革的热点。特别是《义务教育课程方案和课程标准(2022年版)》颁布后,很多学校围绕新课标提出的新理念、新方向推进教学改革。可以预见,类似大单元教学、跨学科主题学习等方向将成为申报2026年基础教育国家级教学成果奖的热门赛道。

围绕教育热点开展研究,以教科研反哺教学,对于推进新课程改革、落实新课标具有积极意义,应该大力倡导。但是从教学成果提炼和申报的角度看,则应多一份冷静理性的思考,不宜盲目跟风。比如这两年人工智能比较热,很多研究团队把人工智能与课堂教学的融合作为研究题目,但是仔细翻阅成果材料发现,学校的这些教学改革与人工智能并没有多大实质性的关联。有些学校把多媒体和互联网技术在教学中的简单应用都算作人工智能。类似这样只是概念炒作和蹭热点的所谓成果,注定不会得到认可,培育这样的成果实质上是一种时间和资源的浪费。

研究者还要横向比较,思考自己的成果是否具有创新性和引领性,能否做到"人无我有,人有我优",如果只是落实文件统一的要求或采用通行的模式，大家做法都差不多，那么这样的教学成果是没有多大竞争力的。

要合理划分研究过程与阶段，忌虚构伪造

教学成果奖的申报要求讲明"解决问题的过程与方法（研究阶段）"，对于成果的实践验证亦有时间上的要求。很多学校和教师认为成果研究和实践验证的时间越长越好，因此，为了让成果看起来更厚重，一些人在提炼成果时通过回溯、逆推的方式编造研究过程的"履历"，人为分设几个研究阶段并虚构研究的起点，拉长实践探索的时间段。这种行为违背了申报教学成果奖的真实性要求和诚信原则，也违背了基本的学术道德规范。

实践探索的时间只是判断教学成果价值的众多因素之一，研究时间长短与成果的价值大小并不存在必然的正相关关系，正如20年教龄的教师教学水平不一定高于10年教龄的教师一样。不同的时间点，当时的改革导向、政策背景、话语体系等都不同，虚构、编造实践探索阶段和过程，容易露出破绽，就像电视剧拍摄出现穿帮镜头一样。比如有学校讲自己在2015年开始对照核心素养要求凝练校本化培养目标，而实际上《中国学生发展核心素养研究报告》2016年才发布，此前除少数研究者外鲜有人提及核心素养。还有学校提出在某研究阶段组织教师学习最新版的义务教育课标，形成推动课程改革的共识，而实际上那个时候义务教育新课标还没颁布。

虽然"解决问题的过程与方法（研究阶段）"不是教学成果的核心内容，但出现这样的问题，带来的不只是尴尬，评审者完全有可能因此对整个教学成果的真实性、客观性产生怀疑。所以在提炼教学成果时，应秉持严谨求实的态度，在尊重事实的前提下，仔细推敲，认真核实，确保内容准确、客观、真实。

要突出理论基础与成果的关联性，忌"拉郎配"

教学成果奖也需要一定的理论作为支撑，事实上，很多教学成果都是建立在某个教育教学理论基础上的，或者与其有密切的关联。在成果文本

中的"解决问题的过程与方法（研究阶段）"部分，或者在阐释具体成果的时候，应讲明成果的理论基础、研究的源头或学理逻辑，但是阐明理论基础不是比谁的"排场大""名头响"，也不是列得越多越好。比如某学校思维型课堂教学，理论基础部分列出了因材施教理论、自主教育理论、人本主义理论、建构主义理论、多元智能理论、有效教学理论、成功教育理论和成长型思维理论八种，理论基础太多，反而让人觉得没一个靠得上。这个还是要从成果本身的实际出发，不能牵强附会，拉虎皮当大旗。

要形成强力证据链，忌窄化或泛化理解"成果证明"

教学成果的成效证明，有多种方式，比如专著、编著，报刊的宣传报道，相关的专利和荣誉，获奖证书，项目结题报告，第三方调查评估报告等。还有一些形式容易被忽略，比如学校相关经验入选教育部、省市教育主管部门的《简报》或作为内参向上报送，学校被推选在重要会议上做典型经验交流，重要的相关现场工作会、交流研讨会在本校召开，或者学校改革经验获得重要领导批示等，这些情况都可以视为成果获得社会认可的佐证。有的人窄化理解，觉得一定要有专著，有专著才显得"高大上"，这个要根据具体的情况而定，有很多教学成果不一定需要有专著。

还有一些人对此存在泛化理解，把学校的、个人的，与成果有关系没关系的各种荣誉全都列上去，这样的做法不可取，不仅没有让人觉得成果丰硕，反而把真正有价值的成果证明淹没在里面了。所以成果证明部分，列出最重要的、关联性强的若干项即可，且要言之有据，不能是抽象空泛的总结。

（原载于《中国教育报》2024年3月15日第5版"主编漫笔"栏目，原标题为"怎样成功提炼教学成果"）

修炼四

考试评价

导言

考试评价是教育的指挥棒，这句话常被用在贬义语境下，但实际上，这是一个客观的、中性的表述。日常考试评价具有检验教学效果和学业质量达成情况的作用，中高考具有引导教学改革的功能，考试不是应试教育的产物，素质教育同样需要考试，提升考试评价素养是教师深度修炼的一项非常重要的内容。

教师首先要学习研究考试评价的相关政策文件（包括课程标准），掌握当前考试评价特别是中高考内容改革的理念和方向，理解中高考试题变化背后的逻辑及考查的意图，从而做好教考衔接，适应试题的创新性变化。特别是，近年来中高考改革减少了简单的知识识记型内容考查，情境性、综合性、开放性试题越来越多。如何通过教学变革提升学生核心素养、以不变应万变？中高考要加强体美劳方面素养的考查，在试题中如何体现，教学中又该如何体现？这些都需要教师们结合教学实践去领悟去探索。研究考试评价、提升相关能力，是做研究型教师的题中应有之义。

中高考试题难易之辩

每年中高考试题的难易,都会成为社会大众评点的热门话题。2022年的高考和北京中考带给考生与家长的感受,可谓"冰火两重天"。

高考向左,中考向右?

当年,许多地方因为疫情的影响,高三学生春节后大半时间居家学习,复习效果无疑会大打折扣。鉴于此,很多人揣测:"2022年高考题目应该不会出得太难吧?"谁料第一个露面的语文就给了很多人一个下马威。数学考完,网上更是一下子炸锅了,许多学生直接被考哭了。"语文本手俗手妙手,数学无从下手。""数学考试发了两张草稿纸,我哭了一个半小时,擦眼泪刚好够用。""考完数学,直接报名读高四了。"网上各种段子满天飞,更有一些"数学达人",包括高三数学老师试做试题后认为,2022年的数学试卷(特别是新高考1卷)"史上最难""难出天际"。很多学校在考完数学后紧急向老师和家长发送信息,要求做好学生的心理安抚和疏导工作,放下包袱,以免影响后面科目的考试。

就在人们担心中考是不是也会很难的时候,北京市中考成绩出炉,结果出人意料,可谓"喜大普奔":全市总计约10万人参加中考,655分(满分660分)以上的考生就有877人,650分以上6006人,600分及以上多达4.98万人,各学科满分学生不在少数。很多人只看自己成绩都觉得考得不错,但总体一比,又高兴不起来。

每年的中高考结束之后，相关教育管理部门和教科研机构都会对试卷、试题进行科学严谨的研究分析，从试卷的信度、效度，具体试题的难度、区分度等，给出一个基于数据的、相对客观全面的分析报告。这样的分析报告往往会滞后一段时间才能出来，但综合各方面信息，结合一线教师的评析，基本可以作出判断：2022年高考的数学试题，特别是新高考1卷的难度确实提高了，而北京市中考各科试题的难度明显下降。

比难易更重要的是明白因何而难、因何而易

据此，有人认为，2022年的数学高考是个信号，服务于选拔培养高素质科技人才的目标，今后的高考特别是数学科目可能会越来越难。也有人认为，作为"双减"后的第一次中考，北京市的中考具有示范效应，今后的中考，可能试题简单、考生分数高会成为常态。当然，还有人认为，今年高考数学的难和北京中考的易，都属命题失误，偏离了正常的轨道，今后会得到修正，回归常态。

不同年份中高考试题难易有差异，这是客观事实，也很正常。但笔者认为，比预测中高考试题会往更难还是更易的方向发展更重要的，是要明白题目变难或变易背后的原因。认清试题难易背后命题思路和理念的变化，才能认清方向，更好地指导中学的课程教学改革。

其实有关高考数学变难的说法，不是2022年才有。2021年高考结束，很多考生和数学老师也都认为数学试题有点难、有点怪，怀疑"是不是葛大爷出的"，逼得葛军（南京师范大学附属中学校长）出面声明"很久没有参与高考命题了"。但是有机构对一些重点中学进行调研发现，考生数学成绩并未出现下滑，甚至比往届考得还好。原因何在？因为这些学校积极推动教学改革，平时的教学和复习备考把准了高考命题改革方向，学生适应高考题型的变化，做起来就顺手了。这正应了中国那句古话——"难者不会，会者不难"。

高考命题思路有什么变化？《中国高考评价体系》将高考考查要求概括为"四翼"，即"基础性、综合性、应用性、创新性"。实施新高考改

革以来，高考命题从单纯考查知识的掌握情况，逐步走向考查学生的核心素养，注重对解决学科问题的本原性方法的考查，强调在深刻理解基础上对知识融会贯通、灵活运用，试题综合性、开放性和情境化特点越来越明显。北京市教育考试院研究员、原副院长臧铁军认为："面对新高考，依旧靠刷题训练解题能力，忽视知识的形成过程，不能从多元性、关联性、层次结构性等方面把握问题与事物本质的教学，必然产生诸多的不适应。""开放性题目使学生独立思考能力更加凸显。这对于沉溺于书本、习惯刷题的学生来说，难度增加了，而对于综合能力强、把知识学活、能解决实际问题的学生来说，分数提高了，死记硬背的负担反而减轻了。"

教育部教育考试院在《落实立德树人　加强教考衔接——2022年全国高考试题评析》一文中明确指出："高考在反对'机械刷题'中勇于创新，通过增加情境型问题、增强试题的开放程度，促使学生在学习过程中积极思考，关注现实，实现从'解题'到'解决问题'的转变，引导学生摒弃那些惰化思维能力、影响独立思考的不良学习方法。"高考命题就是要"让套路限行，让刷题失效"，如若还是按照老的模式、套路来教学和复习备考，岂不是南辕北辙？

臧铁军和教育部教育考试研究院的评析都告诉我们：近年的高考数学试题，与其说是变难了，不如说是变得让一些学生和老师不适应了，或者说，因为不适应，所以感觉到题难了、偏了、怪了。

同样地，今年北京中考，学生和教师普遍反映题目简单、容易。"简单""容易"体现在哪？仅仅只是知识考查深度上的变化吗？

2019年教育部《关于加强初中学业水平考试命题工作的意见》对中考命题提出了具体要求，强调："试题命制既要注重考查基础知识、基本技能，还要注重考查思维过程、创新意识和分析问题、解决问题的能力。要结合不同学科特点，合理设置试题结构，减少机械记忆试题和客观性试题比例，提高探究性、开放性、综合性试题比例，积极探索跨学科命题。"

2022年3月，教育部办公厅下发《关于做好2022年中考命题工作的通知》，要求"兼顾毕业和升学的功能定位""科学合理设置试卷难度，既要防止试卷过难增加学生学业负担，也要避免试卷过易难以体现区分度""要根据不同学科特点,合理设置试卷试题结构,减少记忆性试题,增加探究性、开放性、综合性试题,坚决防止偏题怪题,促进有效考查学生综合素质"。

从这两份与中考命题相关的文件不难看出,中考命题改革在大思路、大方向上与高考命题改革是同向同行的,那就是从知识立意走向素养立意。一般而言,仅需低阶思维参与的机械记忆和简单应用型的题目相对简单,而探究性、开放性、综合性的试题更能体现学生的思维品质和创新能力,因而难度更大,更不易拿高分,学生的差异性也会表现得更为明显,区分度更大。从这个角度分析,北京中考考生成绩大面积提升、高分学生扎堆,除了试题的绝对难度降低,恐怕也有考查方式保守,试题探究性、开放性、综合性不足的问题。这样的降低难度并不代表未来的发展方向,水涨船高式的高分也不能减轻家长的焦虑。

教学评不仅要在内容上一致,更要在方式上一致

高中各学科课程标准、义务教育各学科课程标准是高考和中考命题的基本遵循。应该说,严格依据课程标准来命题,确保"内容不超范围、深度不超要求",这是中高考命题的一条"红线"。只有做到教、学、评(考试评价)一致,才能发挥好考试对于教学的正向引导作用,缓解家长和考生的焦虑,更好地落实"双减"要求。

我相信,中高考命题组织部门及命题专家,对于保证"依标出题"肯定要反复研究,不敢轻易"冒天下之大不韪"。超出课标范围的试题不能说绝对没有(特别是在还没有全面实行省级中考统一命题的情况下),但是应该很少。可是为什么每年中高考结束后,总是有不少考生和老师抱怨题目"超纲"了呢?我觉得这里面有一个理解上的误区。

首先,不能把遵循课标、强调回归教材理解为以教材为限"画地为牢",认为教材里没有讲到的内容一律不能涉及。照这样的理解,那文言文阅读是不是只能从课本里讲过的篇目中选材?类似初中数学"新定义"这类问题,以教材为本、适当向外拓展延伸,通过"举一反三"就能理解

的内容，算不算"出圈"？显然不能算，否则学生的探究能力、创新思维从何培养？

其次，不能仅从"内容"的角度看教、学、评的一致性，更要从"方式"的角度去看。通常大家对课堂上教什么、学生学什么、考试考什么，比较重视和敏感，对于中高考试卷哪些知识点考到了，哪些知识点没考到，总结分析得很透，但对于是怎么考的、对于高考引导教学方式变革的功能却忽视了。"怎么考—怎么学—怎么教"的反馈链条没有很好地建立起来。试题注重创新性、开放性、综合性、情境化，与之相适应，教学方式也应该更加强调以大概念统领的主题教学、互动探究式的教学和以解决问题为中心的学科实践教学，倘若还是照本宣科、死记硬背零碎知识点、按套路机械刷题，面对不断创新变化的题型，自然会觉得不适应，觉得题目生僻，做起来别扭吃力。

总而言之，中高考命题改革的方向，与义务教育新课标、高中新课标以及当前不断深化的新课程改革的理念是完全一致的。中高考命题改革在方向和理念上应该也必然会同向而行。中高考命题改革只会不断深入，过程中可能会遇到一些小的波折，但方向不会变、进程不可逆，只有顺应"评"，改变"教"与"学"，才能掌握主动，化"难"为"易"。

（始发于中国教育新闻网"观察"栏目，2022年7月15日）

教考衔接　破旧立新
——对高考改革中两个热点问题的思考

高考改革具有引导学校实施素质教育、科学选拔人才的功能，在基础教育改革中具有牵一发而动全身的作用。2014年启动的新一轮高考综合改革（以下简称"新高考"），具有鲜明的综合性和关联性特征，强调新课标、新高考、新教材、新教学"四新"联动，协同推进。在此过程中，如何做到"教—学—评"一致？有两个问题特别值得深入思考。

正确看待"教"与"考"的关系，加强教考衔接

长期以来，高中课程标准和《普通高等学校招生全国统一考试大纲》（以下简称《考试大纲》）及《考试说明》并存。相对课程标准而言，《考试大纲》对知识点的要求更为具体化，加上高考的高利害性，一些学校和教师在实际教学中，奉《考试大纲》为圭臬，"以考定教"，即教学时对照《考试大纲》，考什么就教什么、不考的知识点就不教，教育目标从促进学生全面发展异化为片面追求考试分数，教师为考试而教，学生为考试而学。这做法是典型的应试教育，遭到了众多专家和社会舆论的批评。

2014年3月，教育部出台《关于全面深化课程改革落实立德树人根本任务的意见》，明确提出："各级考试命题机构要严格以国家课程标准和国家人才选拔要求为依据组织中、高考命题，评估命题质量，保证考试的导向性、科学性和规范性。"《普通高中课程方案（2017年版2020年修订）》

明确规定:"校内评价或考试、学业水平考试、普通高等学校招生全国统一考试均应以本课程方案、课程标准和国家相关教学文件为依据。"新修订的普通高中各科的课程标准明确提出了本学科的学业质量标准,阐明了学业质量标准与考试评价的关系,并提出了学业水平考试与高考命题建议。与之相对应,2020年开始,教育部教育考试院(原教育部考试中心)不再制定《考试大纲》。"以考定教"遭遇釜底抽薪,失去操作上的依据。

然而,有关高中教学与高考之间关系的争论并未停止。一些人认为,在新的时代背景和政策环境下,应该反过来"以教定考"。这种说法对不对?我们不妨从两个方面来分析。

首先,教育部《关于全面深化课程改革落实立德树人根本任务的意见》这一纲领性文件明确指出:"全面发挥课程标准的统领作用,协同推进教材编写、教学实施、评价方式、考试命题等各环节的改革,使其有效配合,相互促进。"《国务院关于深化考试招生制度改革的实施意见》在"深化高考考试内容改革"部分提出:"依据高校人才选拔要求和国家课程标准,科学设计命题内容。"这就说明,课程标准是教学和考试命题的基本依据,是两者共同的源头和上位的遵循。课程标准中不仅有教材编写建议和教学提示,也有考试命题建议。教学和考试命题都必须服从于课程标准,也就是"以标定教""以标定考"。教学和考试命题二者间不存在谁服从谁的问题。如果从内容的视角,将"教"理解为"教什么","以教定考"不仅不符合逻辑,在操作上也存在一定困难。因为课标对"课程内容""学习要求"的阐述,相对而言是比较宏观和抽象的(比如高中语文的18个学习任务群),而教材和课堂教学的具体内容是对课标的细化落实,由课标生发而来,各学校和不同教师对课标的理解和落实存在差异,在教学实践中拓展延伸的范围与深浅亦不尽相同,甚至不同学校使用的教材版本也可能不一样,要在细化的知识内容上形成"教什么考什么"的对应关系,很难确定一个科学的参照标准。如果一定要讲"以教定考",那么这个"教"只能理解为"应教"(课标规定的内容)而非"实教"(学校教学实际),其实质还是依标教学、依标考试。

其次,考试评价对教与学天然具有"指挥棒"作用,高考这样大规模的高利害性考试更是如此。正因如此,《中国高考评价体系》将"引导教学"与"立德树人""服务选才"一起列为高考的核心功能。如果从方式的视角,将"教"理解为"怎么教",则应以高考命题改革促进教学方式改革,以新的素养考查方式引领新的学习方式,促进高中育人方式转变,而不是反过来,否则,扭转传统应试教育思维模式、让课程教学实现从知识为中心到素养为中心的转变就无从谈起。课程标准不仅是知识内容标准,也是教学活动标准和学业质量标准,在"怎么教"的问题上,教学以课标为遵循,但是学校在落实课标、推进教学改革过程中往往缺乏动力和紧迫感,而考试则为其提供了倒逼的动力机制和牵引。由此,笔者想到近年来广泛流行的"逆向设计"教学理念。"逆向设计"教学理念的核心是"以终为始""评价先行",就是从教学应达到的目标出发,进行表现性任务的评价设计,再据此开展教学,把评价任务嵌入后续的学习过程。考试对教学的引导作用,与"逆向设计"教学理念可谓异曲同工。

由此可见,用"以教定考"来表述教与考的关系并不妥当,在具体阐释或教学实践中亦容易产生误解。二者是同向同行且相互影响的,加强"教考衔接"是处理二者关系的一个基本原则:考试要反映教学实践的变化发展,与教学改革的节奏与进程相协调,适度体现引领性,以考改促教改;教学要接受考试的检验,主动适应基于核心素养的考查方式的变化,摒弃过去填鸭式、满堂灌的课堂,注重培养学生的高阶思维能力和知识迁移应用能力。二者有着共同的依据和指导思想,那就是课程标准及相关文件;亦有着共同的目标,那就是培育学生的核心素养,促进学生全面发展,进而实现立德树人根本任务。

正确看待"新"与"难"的关系,有效破解"恐新症"

新高考之新,不仅体现在考试招生制度体系设计上,也体现在高考命题上。对考生而言,最直观的感受就是题型变化大。进入新高考的省份,许多考生和教师认为高考试题难度加大了。最近几年,每年高考都有一些题目让考生和教师耳目一新,成为大家议论的焦点。

其实在实施新高考改革之前，每年的高考试题在难度上也有波动，但是那种难度的加大，更多是在相对固化的题型和认知模式下的，用通俗一点的话讲，就是出题时"坑再挖深一点""弯再多绕几道"，只要多花点时间，总还是能做出来。而新高考改革后题目的"难"，则更多含有"新"的成分。湖北省黄石市教科院原数学教研员余锦银认为，很多学生在高考上存在"怕新不怕难"的现象。其实，"新"与"难"二者是有关联的，"新"也会带来"难"。"怕新不怕难"这句话要表达的准确意思是，学生不怕传统意义上的难题，更怕因为"新"、因为超出熟悉的答题套路和认知模式而带来的"难"。正如余锦银所说："长期以来，高考复习常采用'题型+套路+大量重复练习'的模式，学生的思维僵化了。进入新高考，很多学生突然发现'刷题没用了'。"

这实际上是教与考的关系在备考环节的具体反映。高考命题内容和考查方式的创新必然带来短期的不适应，一些考生及教师由此心生恐慌，其实大可不必。

为什么这样说呢？

其一，高考命题的创新是有据可依、有章可循的。

早在2014年9月出台的《国务院关于深化考试招生制度改革的实施意见》就提出："科学设计命题内容，增强基础性、综合性，着重考查学生独立思考和运用所学知识分析问题、解决问题的能力。改进评分方式，加强评卷管理，完善成绩报告。加强国家教育考试机构、国家题库和外语能力测评体系建设。"2021年12月，中共中央、国务院印发的《深化新时代教育评价改革总体方案》亦提出："稳步推进中高考改革，构建引导学生德智体美劳全面发展的考试内容体系，改变相对固化的试题形式，增强试题开放性、减少死记硬背和'机械刷题'现象。"由此可见，高考命题的创新体现的是国家意志而不是某个部门的想法。高考命题改革是教育发展的必然趋势，这一趋势只会加强、深化而不会终止，因此，考生和教师应认清这一点，从思想上建立起对高考改革的认同感，而不应抵触新高考。

同时，考生和教师还应该认识到，高考执行国家政策、体现国家意志的性质，决定了高考命题的创新不是漫无边际、想怎么创新就怎么创新的，也不是如一些人所想，标新立异，为了"把考生考倒"以显示命题人水平高。换句话说，高考命题的改革创新，是有明确目标和方向的，是有据可依、有章可循的，这在高中课程标准和国家相关政策文件中均有相关表述，更集中体现在《中国高考评价体系》所凝练的"一核四层四翼"中。

其二，以"渔"得"鱼"，可有效破解"恐新症"。

随着新高考改革的深入推进，新的命题理念和考查方式也有了若干年的"示范"，为何还是有很多学生不适应、"怕新不怕难"？笔者相信，广大教师和学生为适应新高考付出了很多努力，但是采取的方法和策略不同，效果可能大相径庭。

对于高考命题"新"，有些学校和老师采用老办法应对——总结题型套路、采用题海战术，把所有见过的题都做绝、做尽，新题不就变成旧题了吗？不得不承认，在过去知识立意、试题形式固化的高考模式下，这样的题海战术是行之有效的，作为上世纪90年代的高考生，笔者本人也深有体会。但是时代变了，在新高考强调考查思维过程和独立思考能力，强调考查综合应用知识解决实际问题能力的背景下，这种授之以"鱼"的方法的局限性日益显现，机械刷题的"收益"越来越低。新高考命题向情境化、综合化、开放性的方向发展，极大地拓展了考查方式和题型变化的空间，要想把题做绝、做尽越来越不可能了。破旧才能立新，这种抱残守缺的"以不变应万变"，只会与高考改革方向背道而驰，渐行渐远。

相反，授之以渔，让学生以"渔"得"鱼"，才是破解"恐新症"的有效策略。课堂教学不能仅停留在知识的表层，要把知识讲深讲透，学生只有真正理解到位才能做到活学活用。要以情境化教学建立知识与生活实践间的关联，让学生在"知识—情境—知识"的"拆解"与"还原"中提升思维能力，从"解题"走向"解决问题"；以大概念教学让学生头脑中的知识结构化，以综合化教学提高学生灵活应用知识解决实际问题的能力；实施探究式、开放性教学，给学生更多独立思考空间，以开放性学习任务引导学生改变寻找"标准答案"的思维定势，摆脱对教师的依赖……只有这样，才能从基于知识点的死记硬背、题型套路总结转向基于核心素养的思维能力和创新意识提升。学生的核心素养提升了，思维活跃了，知道如何以"渔"得"鱼",才能遇到什么新的题型都能处变不惊、应变自如。

其实,不管高考命题如何创新改革,破解之策归结起来只有一招,那就是提升核心素养,增强思维能力和知识迁移应用能力,让自己变得更强大,这才是真正的"以不变应万变"。

(原载于《中国教育报》2022年9月16日第9版"主编漫笔"栏目)

解答情境化命题要提高三种能力

每年高考或中考结束，总有一些题目让人耳目一新，引发大家关注和讨论。这种"新"（包括在部分师生看来的"难"），许多情况下与情境化命题有关。

《国务院办公厅关于新时代推进普通高中育人方式改革的指导意见》（国办发〔2019〕29号）明确要求深化考试命题改革，"创新试题形式，加强情境设计，注重联系社会生活实际"。纵观近年来的高考，情境已成为考查内容和考查要求的重要载体。情境化试题要求学生仔细阅读材料，在现实生活情境或学科探索情境中应用所学知识分析和解决问题。如何解答情境化命题，或者说，解答情境化命题要求学生具备哪些方面的能力？

笔者认为，培养和提高学生的三种能力最为重要。

提高阅读理解能力

提高阅读理解能力是解答情境化命题的基础。

情境化命题给人最直观的感受就是题目变长了，整个试卷的文字量、阅读量变大了。这对学生的阅读理解能力提出了更高的要求。如果不能准确理解题意，解题也就无从谈起。这种能力要求包括一般化的阅读能力以及情境化表述的解读能力。

一般化阅读能力包括阅读速度、理解文意及分析与概括能力。不管哪个学科，都涉及阅读理解的问题，特别是语文和英语学科，"阅读理解"原本就是非常重要且分值很高的一个题型。学生如果阅读速度太慢的话，很可能导致题目做不完，紧张之下更容易导致忙中出错甚至心理崩溃，因此平时有必要通过限时阅读等方式进行练习，提高各类文本的阅读速度。此外，快速理解文本主旨大意、体会文本表达出的态度与情感也非常重要，这可以通过类似"概括中心思想""分析段落大意"等传统练习来有针对性地提高。

阅读情境化试题，更需要具备提取有用信息的能力。好的情境化命题应该尽量减少冗余信息和垃圾信息，语言表达通俗、简洁、准确，但实际中未必能做得很好，而且命题者为了考查学生对知识理解的程度，还会故意设置一些干扰信息。如何迅速从数据、现象、观点、假设等表述中将关键信息、有用信息提取出来？笔者认为，在平常的教学和复习备考时，有意识地做好两方面的练习非常重要：一是要养成边读边"勾画圈点"的习惯，把文本中的重要信息和关键词标记出来，这样在反复读题时能起到提示作用，节省时间；二是要加深对学科基本概念、基本原理的理解，熟练掌握不同学科独特的学科语言，提高对涉及学科思想和学科基本概念的字眼的敏感度，这样才能增强学科语言与生活情境语言间"解码"和转换的能力，找准情境与学科知识间的关联。同时，熟练掌握学科语言也有利于准确作答。

此外，要特别重视培养学生从非连续性文本中提取信息、处理信息的能力。所谓非连续性文本，是指由逻辑、语感不严密的段落层次构成的阅读文本形式，一般包括图片、图表、图解文字、目录、说明书、广告、地图、索引等，具有概括性强、醒目、简洁等特点，与叙事性文本相比，它能更直观、简洁、系统地呈现文本的关键信息。在很多情境化的题目中，非连续性文本与文字表述共同构成复合文本。学会从非连续性文本中获取所需信息，是"读图时代"应具备的阅读能力。比如，2024年高考语文全国甲卷和新课标Ⅱ卷中，均出现了由图和文字形成的复合文本，构成全景式试题情境，旨在考查学生读图、把握细节和提取有用信息的能力。

提高逻辑思维能力

提高逻辑思维能力是解答情境化命题的核心。

思维是联结符号化、抽象化的学科知识与具象化的生活实践情境、学科探索情境的桥梁。情境化命题主要涉及演绎和归纳两种思维方式。演绎帮助人们由一般性知识过渡到特殊性知识，也就是我们常说的"根据一般规律、原理解决具体问题"的思维过程。归纳则是通过分析大量具有相似性质的事物，从中发现共同点，进而得出普遍规律，是一种从特殊到一般、从局部到整体的推理思维。学科知识与具体情境间的转换，就是抽象与具体的转换、一般到个别的转换。这种转换是否流畅取决于学生逻辑思维能力的高低。

在日常教学中，教师一方面可通过情境化教学、情境化题目训练提高学生的思维能力。另一方面，不妨从方法论的层面，教给学生一些逻辑思维方面的专业知识，让学生掌握科学的思维武器，这样有助于从情境表象看到背后的学科知识与学科思想。

类比思维也非常重要。类比是将两个具有相同或相似特征的事物进行对比，联想是类比的基础——由新信息引起对学过知识的回忆，根据特征的相似性，由事物 A 想到事物 B。比如 2022 年高考理综乙卷第 22 题，创设的情境是：用雷达探测某高速飞行器的位置，从某时刻（$t=0$）开始的一段时间内，该飞行器可视为沿直线运动，雷达每隔 1 秒测量一次其位置，记下坐标，时间和对应坐标列在一个表格中。要求根据表格的数据判别该段时间内该飞行器的运动状态，并求出飞行器到达某坐标点时对应的速度以及本时间段内飞行器的加速度。考后抽样分析显示，这道题得分率不高。其实试题考查的知识点是学生都很熟悉也很基础的"打点计时器"，只是把物理实验上的打点计时器的纸带记录换成了雷达记录，把打点计时器的计数周期改成了雷达测量周期（每 1 秒），把纸带上的位移变成了现实中的空间位移，很多学生就蒙了。怎样跨出物理知识本位，把视野拓展到生活、工程和社会实践中去？类比思维在这里起了重要作用。

培养学生的创新思维和辩证思维同样非常重要。当下的情境化命题往往具有一定的开放性，特别是语文、历史、政治等学科的情境化命题，其解答往往涉及多个不同观点和立场，"横看成岭侧成峰，远近高低各不同"，需要学生从不同角度理性分析。在此过程中，要高度警惕陷入思维定势。反套路和反模式化是中高考改革的基本原则之一，过去的经验可以参考借鉴，但更要学会随机应变、活学活用。

情境是考查载体，背后指向的还是知识与素养目标。因此，在"情境→知识"的思维通道受阻、苦无头绪的情况下，不妨调转方向，先大胆猜想这道题要考查的知识点或学科观念，然后再"小心求证"，或许能建立起情境与学科知识之间的关联。

提高知识整合能力

提高知识整合能力是解答情境化命题的关键。

如今的情境化命题，创设的情境越来越"大"——体现学科大概念或者涵盖多学科知识。这与当前义务教育新课标、高中新课标倡导大单元教学和跨学科主题学习是契合的。

大情境具有更强的综合性。这种综合性既体现为学科内不同知识模块间的综合，也体现为跨学科的综合。不管是哪个层面的综合，都对学生的知识整合与迁移应用能力提出了更高要求。

近年的中高考试题中，就有许多"学科+体育""学科+美育""学科+劳动"的情境化命题。2021年高考历史山东卷第16题，根据选自《续资治通鉴长编》（卷十七）中宋太祖与大臣们关于是否要迁都的一段对话（文言文），以及一幅北宋时的降水量分布图创设情境，要求分析说明北宋继续以开封为都城的利弊。这是一道典型的跨学科综合情境化试题，涉及历史、语文、地理学科相关知识与素养的考查。

生物学、地理、化学之间跨学科综合的题目也比较多见。比如2024年广东省高考地理卷第19题第2问，考查学生对一日内不同时段气温和相对湿度的变化如何影响硫酸钠可逆反应的理解，就体现了地理与化学学科的融合。今年高考语文的阅读材料更是打破学科壁垒，培育学生跨学科的意识和视野。比如，全国甲卷的论述类文本阅读材料《海上命运共同体》属于国际关系学科，实用类文本阅读材料《偷梁换柱》属于建筑学科，语言文字运用材料《天山全景图》则属于人文地理学科；新课标Ⅱ卷信息类文本阅读材料《登月》涉及天体物理学、信息与通信工程、电子科学与技术等多个学科。

跨学科的大情境显然更为复杂，这就需要通过情境教学、跨学科主题学习等方式让学生跳出碎片化的知识学习，学会融会贯通、转识成智，整合不同学科的知识和观念，运用多学科的知识、思想和方法来观察、思考、分析、解决现实问题。推行STEAM学习、项目化学习，都是培养学生知识整合和迁移应用能力的行之有效的策略。

（原载于《中国教育报》2024年6月21日第5版"主编漫笔"栏目）

以高考引导强化体美劳教育：意义、维度与命题思路

党的二十大报告指出："全面贯彻党的教育方针，落实立德树人根本任务，培养德智体美劳全面发展的社会主义建设者和接班人。""坚持以人民为中心发展教育，加快建设高质量教育体系，发展素质教育，促进教育公平。"这一重要论述，不仅提出了教育发展的目标任务，而且指出了改革发展的路径。

建设高质量教育体系、发展素质教育是培养德智体美劳全面发展的社会主义建设者和接班人的根本保障、必由之路。就基础教育领域而言，"高质量教育体系"不仅包括以素质教育为导向的课程教学体系，还包括引导学生德智体美劳全面发展的考试评价体系。二者只有协调一致、相辅相成，才能更好地落实立德树人根本任务。

《深化新时代教育评价改革总体方案》明确提出"稳步推进中高考改革，构建引导学生德智体美劳全面发展的考试内容体系"。目前的高考内容体系主要是考查语数外等学科专业知识、能力和素养，即智育。近年来，习近平新时代中国特色社会主义思想、社会主义核心价值观、中华优秀传统文化、革命文化、社会主义先进文化等方面的内容（即德育）在学科试题中越来越多地得到体现；相对而言，体育、美育和劳动教育在高考内容中的体现尚不够充分。在高考中强化体育、美育和劳动教育相关素养的考查，建立引导学生德智体美劳全面发展的内容体系，对于全面贯彻党的教育方针、落实立德树人根本任务具有十分重要的意义，也是一个有待深入研究的课题。

通过高考内容体系引导强化体美劳教育的意义

落实立德树人根本任务、促进学生德智体美劳全面发展，这是党的教育方针，也是基础教育的育人目标。教育的各个环节、推行的各项改革举措都必须服务于这一目标。在高考内容体系中加强体美劳相关素养的考查，是彰显高考育人功能的需要，也是推进教育评价改革的时代要求。

1. 推进全面育人教育体系建设的要求

长期以来，在许多人的观念中，体育、音乐、美术、劳动等课程属于"副科"，在学校的教学体系中处于弱势地位——课时得不到保障、专业师资力量不足、缺乏相应的器材场地等硬件设施，使得体美劳教育处于"说起来重要、做起来次要、忙起来不要"的尴尬境地。这样的实际状况与素质教育理念背道而驰。进入新时代以来，特别是2018年全国教育大会召开后，"五育并举"的教育方针得以强化，轻视体育、美育、劳动教育的倾向得到根本性扭转。2020年3月，中共中央、国务院印发《关于全面加强新时代大中小学劳动教育的意见》，对加强新时代劳动教育进行了整体设计；同年7月，教育部出台《大中小学劳动教育指导纲要（试行）》，对劳动教育的目标、内容、实施途径及评价机制等提出指导性意见和要求；8月，国家体育总局和教育部出台《关于深化体教融合 促进青少年健康发展的意见》；10月，中共中央办公厅、国务院办公厅印发《关于全面加强和改进新时代学校体育工作的意见》和《关于全面加强和改进新时代学校美育工作的意见》，对于加强学校体育和美育提出目标和要求，明确了实施路径。

随着上述一系列政策的出台，学校体美劳的课程教学体系及保障条件越来越完善，理论研究和实践探索也取得积极进展，呈现出新面貌；但是，由于体美劳的评价并未成为高校招生重要依据，因而其在教学中的地位远不及语数外等学科，离国家要求还有较大差距。考试具有重要的反拨作用，特别是具有高利害性、事关考生切身利益的高考，如果能够重视体美劳素养的考查，对于引导学生和家长正确认识体美劳教育的价值，引导学校重视体美劳教育、开齐开足上好体美劳课程具有重要意义。

在义务教育阶段，经过多年探索，体育中考和美育中考取得了一定的成绩，对引导学生全面发展、引导义务教育"五育并举"发挥了重要作用。在高中阶段，当前实施的高考综合改革采取"两依据一参考"的高校录取方式，对体美劳的考查主要体现在综合素质评价中。由于实际操作中的问题，综合素质评价基本流于形式，并未真正发挥对体美劳的考查和引导作用，那么，在高考评价体系中补齐体美劳的短板就变得十分重要且必要。只有在考试评价体系中重视体美劳相关素养的考查，充分发挥考试评价"指挥棒"的引导和倒逼作用，以评促教，才能真正提升体美劳教育的地位，使其在育人过程中发挥与德育、智育同等重要的作用，从而促进学生全面发展，落实立德树人根本任务。

2. 保障学生发展评价体系完整性的要求

《深化新时代教育评价改革总体方案》提出"改进学生评价，促进德智体美劳全面发展"，"树立科学成才观念，坚持以德为先、能力为重、全面发展"，要"完善德育评价""强化体育评价""改进美育评价""加强劳动教育评价"，为学生评价改革确定了基本方向。教育部2022年印发的《普通高中学校办学质量评价指南》将学生发展评价分为品德发展、学业发展、身心发展、艺术素养和劳动实践五项关键指标，对应德智体美劳五个方面；也就是说，从评价内容的角度看，对学生发展进行评价，必须包括德智体美劳五个方面，否则就是不完整的、片面的。

从育人过程的角度看，所有教育活动对人产生的育人成效，很难截然分离为这是德育，那是智育、体育，或者美育仅在这里体现，劳育只在那里浮现……实际上，每一种教育教学行为，都可能对学生的生命成长具有综合影响，产生综合效应，各育的成长效应往往是相互贯穿、相互渗透和相互滋养的。德智体美劳五育不是割裂的、分离的、独立的、互相排斥的，而是相互影响，具有内在的密不可分的关联性。例如，通过劳动教育，可以树德、增智、强体、育美。"五育融合"是"五育并举"育人方针的实践方式和落地途径。与教育教学过程的"五育融合"相对应,考试评价也应树立"五育融合"的整体评价观,践行"五育融合"的考试评价方式。

从评价方式的角度看,相比语数外等学科,体美劳教育具有更强的实践性、活动性,在考核评价上,更应突出综合评价,更多采用过程评价、增值评价,这也正是《深化新时代教育评价改革总体方案》和《普通高中学校办学质量评价指南》的指导思想。在改进体美劳的考核评价方式方面,许多地方和学校围绕过程评价、增值评价进行了很多创新探索,取得了一些宝贵经验;但这并不意味着以纸笔考试为主要表现形式的结果评价没有价值,可以弃之而不顾,在高考内容体系中加强体美劳的考查,是建立完整的学生发展评价体系的必然要求。

在高考内容体系中引导强化体美劳教育的维度取舍

在现有高考内容体系中加强对体美劳的考查以引导体美劳教育,首先要思考的问题是从什么维度考查学生的体美劳素养。

2001年,教育部颁布的《基础教育课程改革纲要(试行)》首次明确提出新课程教学的"三维目标",即知识与能力、过程与方法、情感态度与价值观。2017年颁布的普通高中各学科课程标准,在整合"三维目标"的基础上,凝练提出了各学科的核心素养。从"三维目标"的视角看,体美劳与其他学科一样,在知识与技能、过程与方法、情感态度与价值观方面都有着丰富的成体系的内容。在目前高考科目体系下,对体美劳不可能考查知识与技能、过程与方法,只能从情感态度与价值观维度,聚焦价值观念和思想精神层面,从"道"的层面而非"法"和"术"的层面进行体美劳素养的考查,否则各学科的高考就会变成"学科+体美劳"的拼盘或大杂烩。具体而言,体美劳教育在价值观念、思想精神层面,均有着极为丰富、值得挖掘的内容,这是高考命题应重点考查的范畴,需要进行专门的深入研究。

1. 体育考查维度

体育不仅能够增强体质，而且具有极为丰富的育人价值和精神内涵，这一点已经在全社会形成共识。我国近现代体育教育的重要开拓者、清华大学马约翰教授认为：体育是一门科学，也是一种教育；体育除了作为促进学生体质健康的手段之外，更重要的在于它同时也是一种建树人格的重要手段。在马约翰看来，体育不仅能够培养勇敢、坚韧、自信、进取、决心等方面的意志品质，还能促进社会品质的完善，培养包括公正、忠实（集体主义）、自由、合作等精神品质在内的体育家精神，而且体育培养起来的道德品质，可以迁移运用到生活的其他领域。

《普通高中体育与健康课程标准（2017年版2020年修订）》提出体育与健康课程的学科核心素养是运动能力、健康行为和体育品德，其中运动能力和健康行为主要指向专业知识与技能、体质健康指标，而体育品德则指向精神与价值观层面。该课程标准指出："体育品德是在体育运动中应当遵循的行为规范以及形成的价值追求和精神风貌，对维护社会规范、树立良好的社会风尚具有积极作用。体育品德包括体育精神、体育道德和体育品格三个方面：体育精神包括自尊自信、勇敢顽强、积极进取、超越自我等；体育道德包括遵守规则、诚信自律、公平正义等；体育品格包括文明礼貌、相互尊重、团队合作、社会责任感、正确的胜负观等。"作为非体育专业招生的普通高考，可以将考查的落脚点放在课程标准对体育品德三个方面内涵的阐述上，凸显"以体育人"的理念。

2. 美育考查维度

2500多年前孔子就提出"兴于诗，立于礼，成于乐"，强调审美教育对于人格培养的作用。近代教育家蔡元培先生认为"美育是最重要、最基础的人生观教育"。当下的美育，应该在发展学生的创造力，提升学生的审美情趣和人格修养，推动社会变革等方面凸显审美、艺术的人文价值。《关于全面加强和改进新时代学校美育工作的意见》指出："美育是审美教育、情操教育、心灵教育，也是丰富想象力和培养创新意识的教育，能提升审美素养、陶冶情操、温润心灵、激发创新创造活力。""以提高学生审美和人文素养为目标，弘扬中华美育精神，以美育人、以美化人、以美培元，把美育纳入各级各类学校人才培养全过程，贯穿学校教育各学段，培养德智体美劳全面发展的社会主义建设者和接班人。"这为通过高考内容体系引导加强美育提供了原则性指导和方向性引领。

关于美育，普通高中设置了艺术、音乐、美术三类课程。2017年版2020年修订的课程标准对三类课程的核心素养界定如下：艺术学科核心素养包括艺术感知、创意表达、审美情趣和文化理解，音乐学科核心素养包括审美感知、艺术表现和文化理解，美术学科核心素养包括图像识读、美术表现、审美判断、创意实践和文化理解。可见，审美感知（审美判断）和文化理解是美育强调的超越具体学科门类的共通素养，可以作为高考内容体系的考查方向。

3. 劳动教育考查维度

习近平总书记在2018年的全国教育大会上指出："要在学生中弘扬劳动精神，教育引导学生崇尚劳动、尊重劳动，懂得劳动最光荣、劳动最崇高、劳动最伟大、劳动最美丽的道理，长大后能够辛勤劳动、诚实劳动、创造性劳动。"中共中央、国务院出台的《关于全面加强新时代大中小学劳动教育的意见》在阐述劳动教育的基本原则时，也特别强调"把准劳动教育价值取向，引导学生树立正确的劳动观，崇尚劳动、尊重劳动，增强对劳动人民的感情，报效国家，奉献社会"。

学者成尚荣认为：劳动教育的核心是价值体认，即让学生在劳动教育的各个层面体验、探究劳动的价值，并使之内化为价值观；价值体认影响并决定着劳动的意义，影响并决定着学生劳动的自觉水平，也必定影响并决定着劳动教育的境界；劳动教育的价值体认主要体现在四个方面，即深刻认识劳动与人性、劳动与幸福、劳动与创造、劳动与道德的关系。高考内容体系可以抓住价值体认这一核心作为考查方向。

总之，在高考内容体系中强化对体育、美育和劳动教育的考查，目的在于引导学生德智体美劳全面发展，而不是为选拔体美劳专业性人才服务。因此，必须有所为，即强化价值引领、思想教育和精神培育的考查；同时又应有所不为，即不应以全面考查学生的体美劳素养为目标，特别是带有明显体美劳学科属性的专业知识、专业技能不应作为高考内容体系的考查维度。

在高考内容体系中引导强化体美劳教育的命题思路

如前所述，高考可以从价值体认和精神培育的维度发掘体美劳教育的育人价值。价值观念、思想精神、意志品质等往往内隐于相关学科知识中，甚至超越具体学科知识点而具有更强的跨学科综合性。一般而言，价值观念层面的教育，在学习方式上更加强调实践、思辨和内化。从布鲁姆教育目标分类学的视角看，价值观念、思想精神对应的认知层次主要是"分析""评价"和"创造"，其对思维能力和思维品质有着更高的要求。因此，旨在引导强化体美劳教育的高考试题应以"分析""评价"和"创造"层次的考查为主，笔者认为，可以围绕以下方式进行探索。

1. 命制依托情境的试题

情境是将价值观念融入试题的良好载体，命制情境化试题是高考命题改革的一个重要方向。创设与体美劳相关的生活实践情境或学科探索情境，都需要依托一定的背景材料，需要通过一定的文字或图片、表格等非连续性文本或声音来呈现。从题型角度看，写作和阅读理解类题目最便于创设相关情境，落实考查要求及引导意图。近年来高考语文作文有不少是以体美劳为主题的，以2019年高考全国Ⅰ卷作文题为例：

"民生在勤，勤则不匮"，劳动是财富的源泉，也是幸福的源泉。"夙兴夜寐，洒扫庭内"，热爱劳动是中华民族的优秀传统，绵延至今。可是现实生活中，也有一些同学不理解劳动，不愿意劳动。有的说："我们学习这么忙，劳动太占时间了！"有的说："科技进步这么快，劳动的事，以后可以交给人工智能啊！"也有的说："劳动这么苦，这么累，干吗非得自己干？花点钱让别人去做好了！"此外，我们身边也还有着一些不尊重劳动的现象。

这引起了人们的深思。

请结合材料内容，面向本校（统称"复兴中学"）同学写一篇演讲稿，倡议大家"热爱劳动，从我做起"，体现你的认识与思考，并提出希望与建议。要求：自拟标题，自选角度，确定立意；不要套作，不得抄袭；不得泄露个人信息；不少于800字。

该作文材料创设了一个同学间讨论劳动话题的生活实践情境，要求学生写一篇演讲稿，体现对劳动的认识与思考，把学生的思维导向对劳动的价值体认。再如，2022年文科综合全国乙卷第40题，以某小学创办"开心农场"开展"新劳动教育"创设情境，要求结合材料并运用物质与意识的辩证关系原理，分析该小学劳动教育取得显著成效的原因。这些试题都是非常典型的体现体美劳素养考查的情境化试题。

命制情境化试题，需要注意的是，不能只嵌套一个与体美劳相关的生活实践情境，而与要考查的知识内容关联性不强，有没有这个情境都不影响考生的理解和答题；要警惕泛情境化倾向，不能牵强附会，不能为情境而情境，应该倡导能激发学生深度思考、激发学生情感共鸣、深化学生价值体认的有价值、有意义的情境化试题。

2. 命制融合学科知识的试题

对体美劳素养的考查，必须与高考所考学科的学科知识、学科思想有机融合，具有所考学科的鲜明特色。德智体美劳五育具有内在关联性，命题应找准各学科与体育、美育或劳动教育的内在关联性和结合点，在解决综合性问题的过程中激活体美劳相关认知。事实上，跨学科综合性学习、项目探究式学习本来就是新课程改革倡导的重要改革方向，这种跨学科不仅仅限于智育范畴内的学科间，也包括与体育、美育、劳动教育的融合。以2019年高考数学全国Ⅰ卷第4题为例：

古希腊时期，人们认为最美人体的头顶至肚脐的长度与肚脐至足底的长度之比是$(\sqrt{5}-1)/2$ ($(\sqrt{5}-1)/2≈0.618$，称为黄金分割比例)，著名的"断臂维纳斯"便是如此。此外，最美人体的头顶至咽喉的长度与咽喉至肚脐的长度之比也是$(\sqrt{5}-1)/2$。若某人满足上述两个黄金分割比例，且腿长为105 cm，头顶至脖子下端的长度为26 cm，则其身高可能是（　）。

A. 165 cm B. 175 cm
C. 185 cm D. 190 cm

该题将数学相关知识与"断臂维纳斯"有机融合，在考查逻辑推理和数学运算的同时，让学生感受到人体黄金分割之美。这道题成为大众热议的"网红题"，很多人因为这道高考题而对"断臂维纳斯"和黄金分割有了更深的认识，一定程度上起到了普及美育的作用。

此外，2022年高考理科综合全国甲卷第14题，以冬奥会首钢滑雪大跳台项目为背景，要求计算其中一段圆弧雪道的半径。该题将数学知识和体育活动紧密结合，考查学生运用所学知识解决实际问题的能力，引导学生热爱体育运动，同时也让学生明白，体育运动需要讲究科学。2022年高考文科综合全国乙卷第20题，展现我国不同时期的劳模风采，让学生深刻领会劳模精神的核心内涵和时代价值，引导学生认识劳动是推动人类社会进步的根本力量、人民群众是历史的创造者。2022年高考文科综合全国乙卷第25题，围绕盛唐书法的时代气象和艺术风格创设情境，彰显了书法艺术承载的美学理念，引导学生培养审美感受力和领悟力，提高对美的鉴赏能力。这些试题很好地将学科知识与体美劳融为一体，让人"身处其中而不自知"，与价值观教育潜移默化、润物无声的特点是一致的。

在命制体美劳与学科知识融合的试题时，需要注意两点：一是不能为了融合而命制偏题怪题，偏离了学科知识的考查重点；二是采取简单"嫁接"方式,将学科知识与体美劳价值观念拼凑在一起,将隐性的价值观念在题目中以较为直白的方式强行"植入",未能实现深度融通。这样融合不但弱化了试题的评价效果,而且起不到引导体美劳教育的作用。

3. 命制激发深度思考的试题

对体美劳相关素养的考查,不管以何种题型和什么样的情境呈现、以什么样的方式与学科知识融合,至关重要的一点就是要引发学生的思考,激发学生的情感。在课程教学中,没有学生的思维参与,学习就没有真正发生;同样,高考试题如果不能让学生思维深度参与、无法拨动学生心弦,就无法真正起到引导学生全面发展的作用。以2021年新高考语文全国Ⅰ卷作文题为例:

> 1917年4月,毛泽东在《新青年》发表《体育之研究》一文,其中论及"体育之效"时指出:人的身体会天天变化。目不明可以明,耳不聪可以聪。生而强者如果滥用其强,即使是至强者,最终也许会转为至弱;而弱者如果勤自锻炼,增益其所不能,久之也会变而为强。因此,"生而强者不必自喜也,生而弱者不必自悲也。吾生而弱乎,或者天之诱我以至于强,未可知也"。
>
> 以上论述具有启示意义。请结合材料写一篇文章,体现你的感悟与思考。要求:选准角度,确定立意,明确文体,自拟标题;不要套作,不得抄袭;不得泄露个人信息;不少于800字。

该作文题通过文献材料展开"体育之效"的话题探索,引导学生认识体育价值、体育精神,甚至拓展到更高、更广的层面辨析"强与弱的转化"问题,对学生评价、分析、创造层面的思维能力提出了较高要求。

再如2022年高考文科综合全国乙卷第43题,以旅游区观景台创设情境,要求考生评价观景台对旅游者欣赏风景的影响,相信很多考生看到这个题目就会想起卞之琳那首富有哲理的诗——《断章》。题目具有引导学生感知观景台作为旅游景观和满足审美需求的双重属性,这道题也有着较为浓厚的思辨色彩。

语言是价值观念、思想精神的载体，而思维是价值观的灵魂。思考与辨析是价值体认的实现途径，要让学生理解、认同某种价值观念和思想精神，最好的方式不是说教灌输，而是让学生运用辩证思维、批判性思维和逻辑思维审视并形成属于自己的认知和感悟。在涉及体美劳的高考试题中强调学生思维和情感的参与，不仅是价值观教育的内在要求，也是考教衔接理念的体现。

　　实践中还有一个不容回避的问题：语文、英语、思想政治、历史、地理这类带有明显人文色彩的学科，在进行试题情境化设计时，将体美劳的价值观念、思想精神融入其中相对容易；而对于数学、物理、化学、生物这类自然科学属性强的学科，如何设计出学科知识与体美劳深度融合、能引发学生深度思考和情感共鸣的"强关联"的情境化试题，确实是一个难题，有待进一步深入探索和研究。换个角度看，是不是普通高考所有考试科目对体美劳教育的引导都要有相等权重的体现，都要进行同样程度"跨育融合"和情境化设计？显然不是。通过高考试题引导学生全面发展、引导学校加强体美劳教育，依托的是内容体系，我们应以整体、系统的视角看待这一问题。例如，语文、外语最适合命制与体美劳融合且容易进行"强关联"的情境化试题，那么，语文、外语应承担起引导强化体美劳教育的"主力军"作用，其他科目则次之。在命制高考试题时，各学科都应树立引导学生德智体美劳全面发展的自觉意识，但同时也应根据学科特点确定体现的程度和方式，不能机械僵化地理解，更不能形式主义、表面化地落实。

（原载于《中国考试》2023年第3期）

以内容改革彰显高考核心功能

党的十八大以来,特别是2014年新一轮高考综合改革启动以来,"高考指挥棒"引导考试评价逐步回归"促进人的发展"的本原价值,高考内容改革向纵深推进,日益彰显其应有的核心功能。《中国高考评价体系》将这一核心功能归结为"立德树人""服务选才"和"引导教学"。这不仅是高考内容改革的发展方向,也是过去十年来高考内容改革实践探索所走过的路。

该如何看待高考内容改革?高考内容改革体现出哪些特点?

首先,高考内容改革打破了"唯分数"的单一评价模式,高考由考试评价工具成为促进学生全面发展的载体。

在2018年教师节举办的全国教育大会上,习近平总书记提出"要努力构建德智体美劳全面培养的教育体系,形成更高水平的人才培养体系",并提出要在坚定理想信念、厚植爱国主义情怀、加强品德修养、增长知识见识、培养奋斗精神、增强综合素质六个方面下功夫。如何将社会主义核心价值观和"五育并举""六个下功夫"的育人要求落实到教育过程中?高考相关部门主动研究,建立起引导学生德智体美劳全面发展的考试内容体系,将体育、美育、劳动教育相关内容有机融入各科试题,引导学校开齐开足开好各门课程,重视学生的综合发展、全面发展;试题命制强化价值引领,聚焦党的十八大以来我国社会主义建设的伟大成就,突出青年奋进报国的时代主题,弘扬中华优秀传统文化和革命文化,引导学生增强"四个自信";引导教师发掘各科课程中蕴含的思想政治教育资源,树立课程思政理念，重视课程育人价值。高考虽然是基础教育末端的结果性评价，但通过内容改革，引导学校将素质教育理念和社会主义核心价值观融入日常教育教学及过程性评价中，彰显了高考的育人功能。从这个意义上讲，高考本身就是落实立德树人根本任务的重要环节。

其次，高考内容改革呼应国家和高校选拔人才的新要求，凸显核心素养的考查，使具有较高思维品质和较强实践能力的学生脱颖而出。

当下，我们面临百年未有之大变局，机遇前所未有，挑战亦前所未有，特别是随着人工智能的发展，对具有较高综合素质和创造力的人才的需求比过去任何时期都更为强烈。新高考命题改变考查维度，从知识立意走向素养立意，更加注重学科思想方法和思维过程，强调思维的深刻性与灵活性；更加注重考查实践能力，从日常生活、生产实践和科学研究的真实情境出发，强调学以致用、活学活用。如果从布鲁姆教育目标分类学的视角看，在知识方面，高考命题以"事实性知识""概念性知识"为基础，越来越重视"程序性知识"和"元认知知识"；在认知方面，则基于"记忆""理解"和"应用"，逐步加大"分析""评价"和"创造"能力的考查。通过这样的考试选拔出来的是有真才实学、能综合运用所学知识解决实际问题的人才，而不是纸上谈兵的"解题"高手。北京师范大学、清华大学等高校相关研究团队完成的高考改革跟踪评价调研结果显示，高校对新高考后生源质量总体上比较满意，调查对象对"新高考有利于促进科学选拔各类人才"认可度较高。

再次，高考内容改革以高中新课标为统领，引导中学"应教尽教"，通过考教衔接，积极推动基础教育课程及教学改革稳步发展。

2017年高中新课标颁布，从2020年起，新高考不再制订《考试大纲》，高考命题、教材编写、课程教学均以课程标准为统领，这从根本上保证了"教—学—评"的一致性，也理顺了考试与教学的关系，扭转了过去部分学校为了考试而教学、考什么就教什么的功利的教学观。同时，我们应该认识到，"教—学—评"一致不是一个静态的结构，而是动态发展的。高考内容改革为"教—学—评"不断创新发展、升级迭代提供了牵引力。近年来，高考命题打破固化的题型和思维模式，不断创新试题情境，综合性、开放性、应用性试题比例大幅增加。试题考查方式的变化引导课堂教学方式和学生学习方式发生变化，基于碎片化知识的满堂灌、总结套路、机械刷题的教学模式越来越没有市场，情境化、项目化、大概念、综合性、开放性、探究性、实践性等成为中学教学改革的关键词。

回顾过去十年，高考命题始终主动创新求变，与课程教学改革同向同行，与时代发展同频共振，为稳妥推进高考综合改革奠定了坚实基础，为深化新时代教育评价改革创造了良好条件。作为教师，应顺应高考内容改革的趋势，与之同向同行，这样才能成为高考改革的受益者。

(原载于《中国教育报》2022年9月30日第10版"前沿论道"栏目)

修炼五

为师之道

导言

时代在发展，对老师的素养要求在变，师生关系也在悄然发生变化。新时代背景下，要让学生还能"亲其师信其道"，做一个让学生喜爱的老师，教师需要努力改变自己，跟上时代步伐，与学生成为"同道中人"，共同成长进步，做一个有悟性、通达型、创新型的教师。教师要克服职业倦怠、实现快速成长，就要做一个对教育教学"有感觉"的人，能从日复一日熟视无睹的现象中发现事物本质，获得新的启迪。这需要教师心中有爱，激发长久动力；广泛阅读，扩充知识储备；勤于观察，于细节处见真章；善于思考，提升思维品质。

教师的发展成长，当以"四有"好老师和教育家精神为目标和指引。这是一个持续学习、终身修炼、不断对自己的思想观念和方法技能系统进行迭代升级的过程。

如何才能让学生"亲其师"

记得我儿子在小学三四年级的时候,有一段时间很叛逆,跟班上的语文老师兼班主任经常闹别扭,不按时交作业、字迹潦草、在课堂上把玩文具,每次被老师批评都闹情绪。那段时间我也很苦恼,甚至一度认为他在情绪调控方面有问题,需要心理治疗手段的介入。可是有一次,他在家里做数学作业,写得有些潦草,马上主动重做,还说:"哎呀,不行,我得好好写,数学老师说了——你再不好好写字,我把你作业本撕了。"说这话时,一副奉令承教、乐乐呵呵的语气和表情。我心中纳闷:要是语文老师这样说,还不得大闹一场啊!

为啥反差那么大呢?其实原因也不复杂:他不喜欢语文老师,但很喜欢数学老师。学生喜欢一个老师,哪怕听起来比较粗暴刺耳的批评(其实老师只是故意吓唬他一下)也能欣然接受,甘之如饴;学生不喜欢一个老师,哪怕老师轻言细语诲人不倦,也常常会吹毛求疵、找茬抬杠。这背后的教育心理学,不就是所谓的"亲其师信其道"吗?

深入理解"亲其师信其道"

"亲其师信其道"源自《礼记·学记》,常被用来形容良好的师生关系或师生间理想的互动状态。原文是:"夫然,故安其学而亲其师,乐其友而信其道。是以虽离师辅而不反也。"大意是说:"潜心学习,亲敬师长,与同学相处融洽,而且信奉自己所学的真理,这样即使离开了师长的辅导也不会背弃所学的道理。"后人在此基础上进一步发展、升华，形成了"亲其师，信其道；尊其师，奉其教；敬其师，效其行""亲其师则信其道，信其道则循其步"等不同说法，直至今天形成"亲其师信其道"的格言。

理解这句格言，应深入思考两个问题。

其一，"亲其师"与"信其道"是什么关系？古代经典高度凝练、惜字如金，将"安其学""亲其师""乐其友""信其道"并列在一起，并未具体阐释四者互相之间的逻辑关系。今天的教育实践告诉我们，二者可以理解为条件关系——只有亲其师，才能信其道；也可以理解为因果关系——因为亲其师，所以信其道。内在逻辑是一致的——亲其师是信其道的基础。

其二，"信其道"的"道"是什么？笔者认为，"道"是通过教师言与行所体现出的真、善、美，若简单理解为"做人的道理"，则有所窄化。真就是客观真理和科学知识，善就是思想认识和道德品质，美就是审美素养和文化品味。学生只有喜欢老师、亲近老师，发自内心地接受老师的教诲，才会认同其理念、效仿其行为，焕发求真、向善、尚美的动力并付诸行动。

践行这句格言，教师要完成两个任务：其一，想办法让学生"亲其师"。其二，从真善美三方面修炼提升为师之"道"，让自己成为学生崇拜和学习的榜样。前者是方法与途径，后者是目标和落脚点。本文仅就第一个问题进行分析探讨。

怎样成为学生喜欢的教师

如何让自己成为一个学生喜欢、愿意亲近的教师？笔者提出四个方面的建议。

1. 做一个有幽默感的教师

大家都观摩过公开课、示范课。这种课堂往往在众目睽睽之下，且很多时候是"借班上课"，师生都会紧张。执教的教师常常会在自我介绍或课堂内容导入时想方设法博学生轻松一笑。其作用在于化解紧张及尴尬的气氛，拉近师生间心理上的距离。幽默是人际关系的润滑剂，也是展现个人魅力和智慧、化解矛盾的一种方式。在日常生活中，幽默诙谐的人往往更受大家欢迎。幽默固然与每个人的天生个性有关，但是对肩负教书育人特殊使命的教师而言，应有意识地采用一些方法，营造轻松幽默的氛围。

幽默之所以能让人发笑，离不开制造意外感、优越感、宣泄感和熟悉感这四大机理。意外感即情理之中、意料之外，和正常视角有偏差。优越感即当人们看到别人尴尬或被羞辱，对比之下产生的一种优越心理。宣泄感是指压抑紧张情绪突然释放所产生的幽默效果。熟悉感即别人用幽默的方式把你一直在想但未能用语言精确描述出来的东西说出来，让你产生共鸣。（引自《幽默感》，作者李新，中信出版社）

为此，教师要学会扭转思维，制造意外感；制造心理差势，让别人产生优越感；制造冒犯和紧张，让人感觉到威胁以及威胁解除后产生的宣泄感；要认真观察生活，发现生活中别人没有发现或者没有说出来的真相。

作为教师，在教学或与学生交往过程中，如能有意识地运用夸张、反转、比喻、拟人、双关等方法，往往能让学生感到轻松幽默。自嘲是一种很好的缓解紧张或尴尬气氛的方式，这就需要教师放下"面子"和"架子"，还要有点娱乐精神。比如有的老师比较胖，不妨说"我是重量级教师"；有的老师个子比较矮，不妨自夸"浓缩的才是精华"。有的学生爱给老师和同学取绰号，除非带有侮辱性和歧视性，建议老师不要严厉制止。南京师范大学附属小学的贲友林是数学名师，他自称"笨老师"，反而让学生觉得很萌很可爱。比如我儿子喜欢的那位数学老师，就是一个风趣幽默的人，课堂气氛活跃，经常把学生逗得大笑。他不仅允许学生给自己取绰号，还给班上很多学生取了绰号，比如"自嗨锅"（喜欢表现自己）、"戏精"（话剧表演社团的）、"超女"（歌唱得好）、"智多星"（鬼点子多）等。这些绰号准确地抓住了学生最突出的特点，不仅幽默有趣，也暗含鼓励或委婉提示缺点的作用，富有教育意蕴。

2. 做一个有时代感的教师

教师要成为学生亲近的人，就要努力消弭与学生之间的"代沟"。这种"代沟"往往并非年龄造成的,更体现在心理状态、知识结构及话语表达方式等方面。教师只有跟上时代潮流,和学生有共同语言,能说到一起、玩到一起,才能拉近跟学生的距离。

时代感首先体现在教学理念和方式上。核心素养时代的教学强调知识的自主建构,教师要从抽象化、符号化的知识讲授走向情境教学,让学生知道知识"是什么",更了解知识产生的过程以及学了该知识有什么用;教师应摒弃"一言堂"的教学方式,更多采用自主探究、互动参与的方式,活跃课堂气氛,培养学生思维能力。

现在的中小学生是互联网时代的原住民,他们思维活跃,学习知识的途径和方式更加多元。学习和掌握一定的现代信息技术、熟练使用相应教学软件和社交软件已经成为新时代教师素养的"标配"。适时地、恰当地运用前沿信息技术能让课堂增添时代气息。比如ChatGPT横空出世后,深圳第二外国语学校语文特级教师龚志民多次将ChatGPT引入作文教学,让学生和ChatGPT一起写命题作文,甚至自己"下水"写高考模拟卷作文,与ChatGPT同台PK,请外校名师点评。这样又"勇"又"潮"的老师,学生能不喜欢吗?

时代感也体现在教学内容的设计上。写进教材的主要是人类发展史上形成和积累的经典知识,有时候与现实生活有一定的距离。生动的教学应基于教材又超越教材,与时代交汇、与学生生活发生链接。比如科学、物理、化学、生物、地理等学科的课堂教学,除了教科书上知识点的学习,教师不妨适度拓展,介绍一下相关领域的最新科技成果和突破。语文、历史、道德与法治课堂或班会课上,教师如果能结合国内外重大时事,如党的二十大、中美贸易摩擦、俄乌冲突、巴以冲突等展开分析和讨论,肯定能极大地调动学生学习的积极性,而且通过互动交流能深化学生认知,引导学生树立正确的价值观念,提高明辨是非的能力。

时代感还体现在交流沟通的话语体系和表达方式上。通俗地讲就是用学生常用的语言,讲他们关心和感兴趣的事。现在的学生喜欢用一些流行用语,如"emo了,划水,童鞋,杠精,心塞,彩虹屁,吓死宝宝了,OMG,yyds,佛系,呆萌,家里有矿",只要无伤大雅,教师不要上纲上线或试图改造学生的表达方式。相反，在课下交流甚至课堂教学中，教师如果能恰到好处地使用一些网络流行用语、校园流行用语，定能引来学生会心一笑，让他们感觉倍加亲切。他们会觉得老师不是高高在上的，而是他们中间的一分子。

3. 做一个仁爱与公正的教师

2023年9月9日，习近平总书记致信全国优秀教师代表，从六个维度提出了教育家精神，"乐教爱生、甘于奉献的仁爱之心"是其中之一。早在2014年第30个教师节前夕，习近平总书记考察北京师范大学时勉励广大教师要做"四有"好老师，"四有"其中之一就是"有仁爱之心"。教育家精神是对"四有"好老师论述的升华，在对"仁爱之心"的要求方面一脉相承。

古往今来，无数教育家对爱在教育中的作用做出了精辟的论述。顾明远先生有句名言："没有爱就没有教育，没有兴趣就没有学习，教书育人在细微处，学生成长在活动中。"爱是做一名好教师的基础，也是让学生亲近、喜欢的基础。儿童青少年是非常敏感的，教师对他的爱，透过一句话、一个眼神，他都会感受得到。有了爱作为基础，即使老师有些做法让人难以接受，学生也会认为"老师是为我好"而不那么反感。

教师要公平地对待每一个学生，这样才能让尽可能多的学生喜欢和亲近自己。多元智能理论认为，人类的思维和认识方式是多元的，每个人身上至少存在七项智能，即语言智能、数理逻辑智能、音乐智能、空间智能、身体运动智能、人际交往智能、自我认识智能。加德纳还认为，多元不是一种固定的数字概念，而是开放性的概念，个体到底有多少种智能是可以商榷和改变的。多元智能理论启示教师，要尊重学生个性，以全面发展的眼光评价学生，有意识地从不同维度、不同侧面发现学生的闪光点，并给与肯定和表扬。小孩子都是"二表人才"——爱听表扬的话，爱表现自己。这是小孩子的天性，教师对学生的教育应适才扬性、顺势而为。

现实中，教师的有些做法，出发点是激励学生奋发向上，但有可能"好心办坏事"。还是回到本文开头所讲的案例，我儿子为什么不喜欢班主任语文老师呢？后来有一次儿子告诉我："其实吴老师挺好的，但是他管理班级有些问题，他按成绩给学生发一颗星、两颗星、三颗星，获得'星星'最多的学生可以挑选最佳位置的座位。那些坐在前面的学生老在那炫耀，我心里很不爽，我就跟他对着干。"我恍然大悟，原来症结在这里！按成绩把学生分等次，成绩好的有挑选座位的优先权，这样的做法是否科学、公平是值得商榷的，在实施过程中，不可避免地会伤害部分学生的自尊，激化学生间的矛盾，也会让一部分学生对老师产生逆反、对抗的心理，进而表现在行为上和学习上。学生因为不喜欢某位老师而导致本门课程学习不好的例子比比皆是。

4. 做一个与学生共成长的教师

人们都有同样的感受，同甘苦共患难、一起摸爬滚打成长起来的伙伴最可信赖，感情最为深厚。学生有成长发展的轨道，教师也有专业成长的诉求，二者不是不相干的平行线。理想的状态是教师与学生在课程教学改革的大背景下共同学习、共同成长。

这里我想讲一个自己学生时代的故事。上世纪90年代初，我上高一的时候，学校刚好迎来一批新教师入职。我班的语数外三科教师都是刚走出师范院校大门的毕业生，他们把这个班从高一带到高中毕业。当时很多人担心他们教学经验不足，难以胜任，还有家长为此到学校闹事。这几位新老师上课经常是和学生"商量着来"，课堂上师生经常为一个问题展开激烈的讨论。我至今都记得，数学老师好几次讲题卡壳了，被"挂"在黑板前。学生们也不起哄，而是跟着老师一起思考，一起解题。最后，这个班的学生高考成绩超乎寻常地出色，几位年轻教师也快速成长为学校的优秀骨干教师。回顾高中学习生活，同学们都认为本班的老师认真负责、教学水平高。学生和老师亦师亦友，三十余年过去，师生间的感情历久弥新。

师生教学相长的过程是深刻而美好的。年轻教师如此，教学经验丰富的老教师就不用学习、不需要和学生共同成长了吗？非也！新课改提倡教师转变角色，由知识的传授者变为学生学习的组织者、支持者，构建师生学习共同体。基于培育学生核心素养的宗旨，义务教育新课标和高中新课标提出了很多新的教学理念，如大概念大单元教学、情境教学、学科实践、跨学科主题学习等，这些对教师而言都是新的挑战，有待在实践中创新探索。教学不是教师单方面的行为，学生也不只是单纯的接受者或"提线木偶"。教学是互动的艺术，只有通过师生合作，不断重复"施教—反馈—改进"的过程，螺旋上升，才能趋于成熟。所以好的教师一定要从学生的成长中获得自己的成长，通过自己的专业成长带动学生的成长。师生的感情将在共同成长的过程中得到升华，而那一段青葱岁月也将成为学生一生难忘的美好记忆。

［刊发于《思行月刊（基础教育）》2024年第1期"大方之家"栏目］

教师专业成长三字诀：悟 通 新

2014年第30个教师节前夕，习近平总书记在同北京师范大学师生代表座谈时勉励全国广大教师要做"有理想信念、有道德情操、有扎实学识、有仁爱之心"的"四有"好老师，为新时代教师发展指明了追求目标和努力方向。

"四有"的每一个方面，都有着丰富的内涵，而且具有鲜明的时代性，比如不同时代背景下，对"扎实学识"的理解和要求就不尽相同。在科技日新月异、教育观念不断迭代更新的新时代，教师各方面的知识、能力，光靠职前师范教育打下的底子是远远不够的（何况还有不少教师没有接受过正规师范教育），很多东西需要在入职后的教育实践中不断学习、吸收和应用，可以说，教师的专业成长，是一件伴随职业生涯全过程的事情。

我们在现实中发现，不同教师的职业发展和专业成长，有的快，有的慢，有的顺利，有的坎坷，其中固然有很多客观因素的影响，但教师的主观因素是起主导作用的。教师如何才能提高自身专业成长的效能？笔者认为，要从三个方面下功夫，归结起来就是三个字：悟、通、新。

做一个有悟性的教师

悟的本义是理解、明白、觉醒。有悟性的教师善于思考和发现规律，并能科学地指导实践。

悟是求知修身的方式，重在内化。"悟"字的结构，拆开看就是"吾心"，可见"悟"十分强调自我的主体意识。外界的一切信息或知识，通过有意识或无意识的记忆留存于大脑，只是知识或信息的储存，只有经过"悟"的过程，与大脑中已有知识和信息发生关联，产生"化学反应"，才能形成可迁移应用的新知识，也才能内化为新的认知，进而形成伴随终身的素养。从这个角度看，悟是学习知识的一种普适的方式。

悟也是提升道德品质、修身养性的一种方式。明代著名思想家王阳明龙场悟道后告诉我们："心即理"，"圣人之道，吾性自足"，凡事应"不假于物，多向内求"。"向内求"不是反对实践，而是强调躬身自省的处世态度，强调每个人都可以通过悟道而成为"圣人"。经过悟而内化的思想道德观念及其外显的行为表现，才既是"合乎道德"的，又是"出于道德"的。

悟是提炼升华的方法，重在反思。很多教师经常向笔者倾诉自己的苦恼：有多年的教学实践经历，也积累了很多教学课例和教育故事，却不知道如何将其提炼成经验乃至教学主张、教育思想。还有一种现象引人深思：有些教师工作多年，却只是一个资历丰富的"老教师"，而有些教师则成长为教学名师，为什么会有这样的差别？区别就在于悟性。一个有悟性的教师，可以看到现象背后的本质和事物间的关联，自然具有较强的提炼总结能力；同样地，一个有悟性的教师，可以从自我成长经历中探寻人才成长的一般规律，因而能少走弯路。

做一个善于提炼总结、善于发现事物本质规律的有悟性的教师，关键是要勤于反思、善于反思。美国心理学家波斯纳认为"成长＝经验＋反思"，反思是让经验上升为理论的催化剂。华东师范大学叶澜教授也说："一个教师写一辈子教案难以成为名师，写三年教学反思则有可能成为名师。"教学反思是教师对教育教学实践的再认识、再思考，是一个二次学习和升华的过程。教学之道、育人之道、教师成长之道，就潜藏在日常的教育生活中，需要靠反思发现和悟得。

悟是思维爆发的结果，重在积淀。爱尔兰都柏林市的玻洛汉姆桥头立着一块石碑，碑文刻着："1843年10月16日，当威廉·哈密顿经过此桥时，他天才地发现了四元数的乘法基本公式。"这个故事告诉人们,灵感对于科研是多么重要。其实不只是科研,优秀的文学或艺术作品,乃至精彩的课堂教学设计,很多时候是"妙手偶得之",需要灵感。但是灵感从何而来?灵感是凭空产生的吗?如果没有对四元数长达15年的苦苦探索,哈密顿在玻洛汉姆桥走多少遍也不会有什么突破。瞬间的顿悟,其实是长期观察思考、求索的产物。"灵光一现"实际上是对某个问题、某种现象的长期关注、思考和酝酿,在某个时间点以一种突然爆发的方式呈现出来。

特殊的环境和氛围,有时候确实有助于激发灵感。笔者就有这样的切身体验,比如有几篇获得较好反响的论文,其核心思想和整体框架,就是由研讨会上无准备的即兴发言生发而来。有个成语叫急中生智。急为何能生智?在某种紧张、局促的环境和氛围下,大脑在应激状态下高速运转,就有可能突然打通思维的"任督二脉",产生灵感的火花,大彻大悟。

总之,灵感和顿悟是建立在长期积淀的基础上的。做一个勤于观察和思考的人吧,对认定的目标持续不断地探索,灵感就有可能在某个时刻不期而至。

做一个通达型教师

通者,达也,意指相互连接没有障碍。通达型教师视野开阔、素养全面,能在联系与整合中开创新天地。

上下贯通,理实相生。教师常教导学生:既要仰望星空,也要脚踏实地。其实对于教师自身而言亦是如此。仰望星空,就是要把握当前教育改革的宏观背景和大方向,熟悉国家和教育部相关政策文件,比如高中新课标和义务教育新课标、"双减"政策、教育评价改革总体方案、新高考改革等方面的纲领性文件,是当下开展教育教学工作的基本依据,都应该认真学习。与此同时,教师还应对某项具体教学改革依循的上位理论有所了解、有所研究,做到知其然也知其所以然。脚踏实地,就是要立足课堂、面向学生、基于真实问题,研究探索这些理论、理念和文件精神如何落实到常态化的课堂教学和日常学校生活中。

只唯上，容易导致纸上谈兵、"站着说话不腰疼"、理论与实践"两张皮"，不能真正解决实际中遇到的问题，不能满足学生发展的需求；只唯下，可能会站位太低、一叶障目不见泰山，不能从全局看问题，陷于细枝末节而迷失方向，所做工作只是低水平无意义的重复。只有上下贯通，才能做到理实相生，在正确理念指导下做有意义、有实效的事情。

横向联通，多元发展。一个好教师的知识结构不应该是单线条的，而应该是纵横交织的网状结构。新时代的教师不是"教书匠"，需要具备多方面的素养，成为复合型人才。教师除了要深入探究教学的方式方法，还要具备一定的课程研究开发能力；除了要"育分"，还要会育人；除了练就较强的口头表达能力，还要善于进行教育专业写作；除了"学"为人师，还要"行"为世范……而且，这些方面都不是独立的，而是相互影响的，是教师应具备的综合素养。

除了课堂教学，教师有机会的话应该积极参与教学管理、学校管理工作，小到班级管理、年级管理，大到学校乃至集团校的管理，在此过程中逐步提升团队合作、统筹协调等方面的能力。很多中小学的校长都是从普通教师一步步成长起来的。教师在进行个人专业发展规划时，应多个方面互相联通、齐头并进，可以有所侧重，但不能功利化地只在某一方面发力，如果在某个方面存在明显"短板"，将不利于整体素质的提升和职业的长远发展。

跨界融通，打破边界。不同领域的知识碰撞与融合，更容易激发灵感、带来新的突破。新时代的教师，应具备跨界融通的能力。从宏观的教育方针来看，立德树人的根本任务要通过"五育并举、五育融合"的路径来实现；从微观的课程教学来看，义务教育新课程方案和课程标准对于跨学科主题学习提出了明确要求，强调多学科综合育人，中高考命题改革也体现出明显的综合性趋向。这些改革发展趋向要求教师打破学科的藩篱，具有跨学科整合的意识和能力，走出本学科的"一亩三分地"，"左顾右盼"才能发现更广阔的天地和更多的可能性。

跨界融通带来思维切换与多元体验，看问题的视角自然更加独特，更有利于培养学生的创造性、开放性思维。教师在进行专业性写作时，也就有了更多的选题，而且常常能出奇制胜，给人耳目一新之感。比如，统编三科教材经常会引发社会舆情，原因何在，又该如何应对？笔者把新闻舆情中社会受众特点分析与统编三科教材问题结合起来，写了一篇论文《提升社会大众对统编三科教材的认知水平》，反响很好。后来有个专家跟我开玩笑说："这文章教材专家写不出来，对统编教材领域不熟悉的记者也写不出来，你脚踩两只船，所以能写得好。"又如，笔者在《中国教育报》负责的报道领域中有"高考招生"，还有"体育美育"，两者在脑子里一碰撞，一篇题为"以高考引导强化体美劳教育：意义、维度与命题思路"的论文就出炉了。

对于新时代教师而言，只要有跨界融通的意识，可跨、可融的领域很多：语数外政史地理化生等学科之间可以融合，也可以与音体美等学科融合；学科教学可以与思政德育融合；教育可以与信息技术融合；教育还可以与社会政治经济融合……

做一个创新型教师

新的基本含义是初始的、刚有的，与"老""旧"相对。创新型教师能顺应时代变化，甚至引领时代潮流，在主动求变中发展。

跟上新时代步伐。2023 年，ChatGPT 是最火热的话题之一。ChatGPT 为何物？以 ChatGPT 为代表的人工智能技术将对教育及各行各业带来什么样的影响？在课堂内外，如果教师对这些问题一问三不知，学生该作何感想？如何能让学生"亲其师信其道"？教师应该跟上时代步伐，只有随时更新自己的"内存"，才能与学生有共同话题、共同语言，尽量消弭"代沟"，拉近师生关系。

毫无疑问，传统教学方式中好的东西我们要坚守，要弘扬。在可见的未来，移动互联网、大数据、人工智能、元宇宙等技术不可能完全取代教师的主导地位和独特作用，只是作为"手段"存在，但是将上述这些新技术应用到课堂教学和教育管理中，能提高效率，提升效果，更好地满足个性化学习需求。其实不仅仅限于科技领域，时代发展带来社会各领域日新月异的变化，对于各种新事物，教师都应保持开放、包容的态度，多学习，结合实际多应用，做一个有时代感的教师。

学习新教育理念。做一个创新型教师，就要不断地学习教育教学的新理念，这是题中应有之义。在新课改推进过程中，很多国外的教育教学理论在中国得到传播与应用，推动了课程建设与教学模式、学习方式的创新，如 STEAM 课程、PBL（项目式学习）、MOOC（慕课）翻转课堂、小组合作学习等。新颁布的义务教育新课标也提出了许多新理念，如学习任务群、大概念教学、跨学科主题学习、情境化教学等。

当前，对于新理论、新概念、新教学模式层出不穷，教育界有不同看法。笔者认为，对于新理论、新概念、新教学模式，我们应认真学习研究其理念实质和核心要义，领会其"神"，对其中科学的、合理的成分要多学习，多借鉴，不断更新自己的认知；而对其"形"，即具体的名词表述及操作模式，则不必亦步亦趋，更不宜生搬硬套。总而言之，对这些新理论、新概念、新教学模式，应该博观约取，未必一定要用到自己的教学实践中，但是这样的学习过程有利于开阔视野、增加专业的厚度，是成长为专家型教师的必由之路。

践行新教学方式。最高级的学习是实践。坐而论道不如起而行之。新课改、新课程、新课标、新高考，各项改革举措的落地，最终都要靠教师去完成。这个过程中，教师的综合素质、创新意识和主观能动性起着至关重要的作用。

新理论、新模式提供了宏观指导的"施工图"，但是教师践行新的教学理念、教学方式，不同于流水线上简单的"操作工"。课堂教学本质上是充满个性和创造性的活动，举个简单的例子，同样的一堂课，如何进行新内容的导入、如何组织教学资源、如何开展合作学习、如何进行拓展延伸、如何处理课堂上的意外"生成"，不同的教师上出来的课都会不同。每个教师都可以有自己的创新设计，都可以结合校情学情，通过点滴的微创新让自己的课堂变得不一样。而这样在实践中一点一滴"做"出来、

"实验"出来的创新经验,才是最宝贵、最有意义的,因为它是属于你自己的创新。

课程教学改革也好,教师专业成长也罢,都非一日之功,不可能一蹴而就,但也不可畏缩不前。正所谓:道阻且长,行则将至!

(原载于《中华读书报》2023年3月22日第17版)

做一个对教育教学"有感"的人

一个教师要持续不断地获得成长和发展,一个重要的前提就是——做一个对教育教学"有感"的人。

这里所说的"感",是感觉、感触、感想、感悟。如果一个人对身边事物熟视无睹,没有感觉、感触、感想、感悟,那么他就不会有反思,也就不会有创新发现,会错过很多促进专业成长的契机。

一时一地对某件事情有感而发容易,难的是始终如一。时间长了,有些教师难免会由"有感"走向"无感",甚至"熟视无睹"。如何才能对教育教学始终"有感",让这变成一种伴随终身的思维品质呢?

心中有爱,激发持久动力

从事教育工作,应该心中有爱。"没有爱就没有教育",陶行知、霍懋征、斯霞、于漪、顾明远等教育家都一再强调这一点。最近读苏霍姆林斯基的《给教师的一百条建议》,看到的是满满的爱。这里所说的爱,不仅仅是爱学生,还包括爱课堂,爱学校,爱自己的职业,爱自己的学科专业。这和谈恋爱一样,有爱才会"有感觉"。宁波高新区实验学校罗树庚校长出了一本书叫《迷恋专业成长》,在书中,他结合学校教育教学中遇到的问题、看到的现象,写了很多随笔性的文章,每一篇都是有感而发,娓娓道来。罗校长之所以能写出那么多好文章,根源就在于他对学生、对课堂、对他一手参与创办的这所学校、对教育事业的热爱,这使他能发现教学生活中的美,包括对学校和教师身上存在的各种问题的批评,其实也是爱的表现。美学家李斯托威尔说:"美的反义词不是丑,而是麻木。"同样,爱的反面不是恨,而是冷漠,因为"爱之深",所以才会"恨之切"。

其实从很多校长和教育工作者身上,我们都能深切感受到他们对教育、对教师职业和学科专业的热爱。比如何东涛,在当浙江省教研室主任前,曾当过杭二中的副校长、党委书记以及另外几所中学的校长、书记,但她一直坚持上课,很多人告诉她,像她这样的高中校一把手校长,是不用亲自上课的,但是她说,一定要亲自上课,只有这样才对高中教学"有感觉"。爱是内在力量的源泉。有一颗对教育充满热忱的心,才不会觉得工作枯燥乏味,才不会迷茫、麻木,才不会轻易打退堂鼓。以积极的心态去面对一切,才会常常有新的感悟、新的收获。

广泛阅读,扩充知识储备

学习的本质是什么?学习是一个什么过程?其实,学习就是一个大脑中已有知识与外界输入的信息和知识进行交融、碰撞的过程,经过吸收、内化形成自己的认知,成为自身的素养。原有知识库存越大,越能更大范围地、更多地发生交融碰撞。所以,个人的知识储备越丰富、理论素养越高,越容易产生意义的关联。同样的现象,知识视野狭窄的人看到的只是现象,对它熟视无睹,没有什么感想,而有着深厚知识背景的人,更容易发现现象背后的本质,更容易发现教育现象、教育活动、教学行为背后的教育规律——教学规律、儿童认知规律和人才成长规律,获得新的感悟和启示。

要达到这样的效果,就要多阅读,既要拓宽阅读的广度,也要开掘阅读的深度。读罗树庚校长的《教师如何快速成长》《迷恋专业成才》等书可以看出来,他的知识视野是非常宽泛的,从古代的孔子、苏格拉底到近现代的苏霍姆林斯基、杜威、陶行知、叶圣陶、陈鹤琴等等,引经据典信手拈来。一个优秀的校长和教师,应该博览群书,不只是教育学的,还应包括管理学、心理学、哲学、中国优秀传统文化经典等方面的,拥有广博的知识视野才能跳出教育看教育，站在更高的层面思考问题。

教师阅读可以分为道和术两个层面，不同教师、不同的发展阶段可以有所侧重。道的层面，主要是基本的教育原理和教育思想，而术则是诸如课程教学、教育管理等方面的方式方法。只看道的方面的书，有时候看多了会觉得空泛，没有感触，这个时候看看具体的课程教学操作层面的一些书，看看这些教育理念是如何落实到教育过程中的，就会找到感觉。教学模式、教学方法方面的书看多了，有时候也会迷茫，这些教学模式和方法，上位的理论和逻辑是什么？这个时候转头去看看一些教育理论的书，追根溯源，往往会有豁然开朗、茅塞顿开之感。道与术相辅相成，互相刺激和启发，往往能带来灵感。

勤于观察，于细节处见真章

《道德经》第六十三章曰："天下难事，必作于易；天下大事，必作于细。"有一本书就叫《细节决定成败》。教育的真谛、教育的智慧，就潜藏于细节之中，需要教师勤于观察，于细节处见真章。

在校园里，看似重复的生活里，每天都有新鲜的东西。罗树庚校长不仅对课堂教学认真观察，而且对于教师在日常学习生活中的表现、待人接物等观察细致入微，而且以事看人，看得很准。比如《迷恋专业成才》书中讲到几个例子：对于课前准备，不同老师有不同的做法；食堂打汤时，怎么对待排在后面的人，不同人有不同的处理方式；开家长会时，不同班主任对教室座位有不同的布置；到外校参观时，不同学校的教师有不同的表现；等等。这些小事，很多人司空见惯、熟视无睹，很少去想它们是否合理，有没有更优的处理方式，而一个对教育有感的人，却能看出教师的智慧、情商、教养和敬业精神的高下，所谓见微知著、一叶知秋，说的就是这个道理，有时候教育观察只需要一个细微的切口，小即是大。

除了认真观察外界事物，教师还应该关注自己课堂教学的细节。教师应该养成习惯，每次听课、上课后及时整理、记录其间令人印象深刻的细节和产生的思想火花。有些特别的感受、感悟和感想，如果不及时记录下来，时过境迁就会慢慢消散，再回想的时候就没有那种特别的感觉了，也会存在信息衰减。因此，教师记录自己教育教学过程中的细节，就是为今后的教学研究和写作积累原始素材。

善于思考，提升思维品质

看到同样的现象，一些人会从这个角度看，另一些人会从另外一个角度看，看问题的不同角度，可以反映一个人的思维方式和思维品质。

一个优秀的教师，应该具有较强的归纳和演绎思维能力。演绎思维就是通过事物发展规律推断事物发展方向和进展的思维方式。而归纳是从一个个具体的事例推导出它们的一般规律和共通结论的思维方式。二者是互相渗透互相转化的，其结果都是建立起现象与本质及一般规律之间的关联。

还有一种思维，对提高感悟的深刻性具有帮助，那就是跨界关联的类比思维。罗树庚校长常常能从我们耳熟能详的一些谚语、"俗话说"联想到课堂教学、教师发展上的一些问题，比如"条条大路通罗马""烧开一壶水"等。他还常用工商管理或是日常生活中的一些事例与教育进行类比，比如他从"7人分粥"的故事讲到校长管理的智慧，指出学校管理的成功经验需要经过反复实践探索；他把吃辣和教师接受批评进行类比，提出只有经常吃吃辣，才能产生辣不怕、不怕辣、怕不辣的免疫能力；他由学校里的乔木栽种时因为被填充建筑垃圾而长不好引申到教师发展，提出"做人做事如果在看不见的'根部'放弃标准，没有规则、原则，有朝一日我们终究会因为对'根部'不负责任而买单，会因此付出更惨重的代价"。正是跨界的类比思维，使得这些见解充满反思的哲理性，视角独到，发人深省。

我们经常说，在教学中要让学生学会通性通法，能自己举一反三。其实不同领域的现象和问题，背后也有通性通法，有共同的"情理"可以互相启发和借鉴。教育领域的一些经验可以移植到其他领域，同样地，其他领域的一些经验或教训，也能给教育带来别样的启示，只要你有善于思考的大脑，掌握科学的思维方法，就会独具慧眼，常见常新，常思常新，对教育教学持续产生新感觉、新感悟。

(原载于《中华读书报》2023年5月17日第19版)

立德树人好教师的引路人

2020年底,成尚荣老师给我寄来他的著作《做中国立德树人好教师》。对我来讲,这是一份特别的新年礼物,也是新年假期中的精神大餐。

俗话说,书如其人。成老师当过小学教师、校长,曾是李吉林老师的同事和领导,后来又做教育科研工作,长期和一线教师打交道。做中国立德树人好教师,是成老师孜孜不倦的追求,也是他对教师特别是青年教师的期望。

他自己就是立德树人好教师的引路人。

我和成老师算得上是忘年之交,成老师对我的称呼向来只有"瑞林"两个字,而我也总是简单而亲切地称呼他"成老师"。我至今仍清晰地记得,第一次见到成老师是在2014年由教育部课程教材研究所(原教育部课程中心)组织主办、在成都召开的首届全国教学改革研讨会上。成老师精神矍铄,玉树临风,两手空无一物,走上讲台作了将近两个小时的主报告,题目是"教学改革要回到原点"。我一下子就被吸引了、被震撼了,像所有人一样,被成老师深厚的学养、超强的演讲表达能力所折服。

后来,我又有幸现场听过成老师多场报告,并在我担任主编的版面上刊发过成老师的多篇文章。他的随笔、评论总是贴近现实,有感而发;他的学术论文总是把深刻的理性思考融入富有温情的感性表达中,因此读起来就像是听一位智者娓娓道来,如沐春风。

成老师思维机敏、风趣幽默,他主持专业性的圆桌论坛堪称一绝,对嘉宾观点的总结提炼能力和对场面、时间、节奏的把控能力,甚至远超许多电台电视台的当红主持人。每一次听成老师的报告、看成老师的文章，对我而言都是一次精神的洗礼。我写过的一些专业思考的文章，可以说，就是直接受到成老师的启发。比如2021年3月份出版的《中小学教材教学》杂志上，我写了一篇卷首语，题目叫"课程教学改革的原点与支点"，其灵感就来源于2014年第一次听成老师的那场报告。

又比如，2019年我写了一篇文章《从熟知走向真知》，文章是这样开头的：

成尚荣先生曾多次引用黑格尔《精神现象学》中的一句名言——"熟知非真知"来告诫我们：我们所熟知的东西，并不一定是我们真正知道的。熟知是现象，真知才是事物的本质或规律。我们不能止于熟知，要从熟知走向真知，这是一个转化的过程，也是一个发展的过程。

很显然，没有成老师的启发，我写不出这篇文章。

成老师给我很多帮助、鼓励和指导，是我的人生导师和专业成长的引路人。成老师对于后辈、对于中青年教师的成长特别关心、特别热心，他为很多江苏教育家培养对象和一线教师出的书写序，指导他们开展教学成果研究和提炼。他学识渊博却从不以权威自居，经常不耻下问，乐见"后浪"崛起。他的这种精神境界，充分展现了一位学者之德、长者之德，本身就是立德树人好教师的特有品质。

《左传·襄公二十四年》有云："太上有立德，其次有立功，其次有立言，虽久不废，此之谓不朽。"后人将"立德、立功、立言"视为人生价值追求的最高目标。作为"人类灵魂工程师"的教师，不仅要自己立德，更要引导学生立德。成老师集中从德的视角来谈教师成长发展，凸显了"德"在教师成长中的先导性、引领性，而在现实中，大家对此还不够重视，理解上也存在一些偏差。2018年我在《中国教育报》课程周刊上开了一个"回望教育家"的栏目，约请成老师写了五六篇文章，谈他对陶行知、陈鹤琴、斯霞、李吉林等教育家的认识，当时主要是从他们的教育教学思想对今天培养学生核心素养的启示这个角度来谈的。在《做中国立德树人好教师》这本书里，成老师更加集中、更加深入地从思想道德情操的角度，对几位教育名家的思想进行了梳理和阐释，给人很多新的启示、启发。

我曾写过一篇文章《向名师学什么》，和成老师的一些观点是相互呼应的。我将教学的三维目标套用在名师成长上：知识与技能是教师站稳讲台、安身立命之本；名师成长的秘诀就潜藏在过程与方法之中；而情感态度与价值观则是向名师进阶的必经之途。习近平总书记提出好老师的标准——有理想信念、道德情操、扎实学识和仁爱之心。"四有"之中，"三有"指向情感态度与价值观维度。倡导做立德树人好教师，不论从宏观的新时代教育改革发展的角度看，还是从微观的教师成长发展的角度看，都是具有深远意义的。一个没有高尚人格和教育情怀，不懂得课程思政理念，没有学科育人意识，不关心学生人格养成和全面发展的教师，不会成为"四有"好老师，不会成为名师，当然也成为不了中国立德树人好教师。

教师要做精神灿烂的人，教师要在立德树人中走向新境界。教师要行为世范、学为人师。但是，要做立德树人好教师，除了自身成为道德楷模，更重要的是将立德树人理念融入到课堂教学中，融入到班主任工作、社会实践活动等各个育人环节中。失去立德树人目标指引的课程教学是没有灵魂的，同样，不懂得五育融合、不懂得培育学生关键能力和必备品格的教师，其发展是盲目的、是找不准前进方向的。

成老师是儿童研究的专家。成老师已经80多岁了，但是和成老师接触过的人都有一个深切的感受，成老师永远葆有一颗年轻的心，笑起来就像儿童一样纯真灿烂。成老师认为，研究儿童是小学教师的"第一专业"，教师只有站在儿童立场研究儿童，才有可能"让儿童站在课堂正中央"，才能让核心价值观照进儿童的心灵，培养出新时代的好儿童，进而为实现中华民族伟大复兴输送合格的人才苗子。

成老师在诸多文章著述中一再强调，学科教学的育人性与知识性是密不可分的，而现实教学中，育人性常常被忽视。教师不仅要有立德树人的意识和责任感，还要探索合理的方式，掌握科学的方法，创设恰当的情境，让德育与其他四育有机融合。为此，好教师应该掌握多方面的知识，比如哲学、心理学、伦理学、美学、社会学、体育学的知识，这些方面的知识能引导教师开阔视野，使教师的思想升华到一个更高的层次。成老师本人就是这样的范例，他博闻强记，作报告、作讲座经常引经据典，大段的名言倒背如流。他提出的关于教师成长发展、教师教研如何与立德树人相结合的许多见解，都是值得细细品味和反思的。

祝愿老师们都能成为中国立德树人好教师！

（摘自 2021 年在《做中国立德树人好教师》读书分享会上的发言）

附录一 APPENDIX

前行路上的良师益友
——我与《基础教育课程》

"作为读者""作为作者""作为编者"是通常情况下人们与媒体建立关联的三种身份或曰三种方式。能兼具《基础教育课程》的读者与作者两重身份，我已深感荣幸。

记得 2014 年我因岗位轮换，开始担任《中国教育报》课程周刊主编。我们与课程教材研究所在工作上有很多联系，自然也就认识了他们主办的这本《基础教育课程》杂志。从那时候起，直到今天，每个月我都能收到贴着"中国教育报刊社《中国教育报》汪瑞林同志"字条的赠阅杂志，和部门订阅的其他杂志相比，于我而言更觉得亲切而温暖。

《中国教育报》课程周刊与《基础教育课程》都聚焦于中小学课程与教学改革，读者对象和内容定位非常接近，算得上是狭义的"同行"，因此我这个读者相比其他读者还有点特殊性。收到每期杂志，我不仅会选取部分文章精读，汲取课程教学改革方面的专业智慧，而且还会站在编者同行的角度，特别关注杂志的栏目设置和选题策划，看看我们所做的选题有什么不同，对于相同的选题，我们的做法和选取的角度又有何不同，从中获得不少启发和借鉴。我的一个突出感受是，《基础教育课程》虽然是一份专业期刊，但是新闻敏感性和时效性很强，通常中央或教育部某个重要文件或某项重要政策刚出台，杂志很快就推出相关专辑或特刊了。特别是 2017 年新修订的高中课程方案和各科课程标准颁布，以及 2022 年新修订的义务教育课程方案和各科课程标准颁布后所做的专题，以及高考后推出的高考试题分析专题，分析解读权威且全面，撰文的"大咖"都是平时难以约请的。跟进推出的地方或学校经验也富有典型性与代表性，很受欢迎。类似这样的专题期刊，我都是认真研读、画重点、做标注，作为重要资料单独保存起来，放在办公桌案头，在工作中经常翻看，既方便，又省却了查找、核实相关材料的时间。杂志上的很多文章也成为我个人写作重要的参考文献资料。

我始终认为，作为教育媒体的专业性编辑，不能仅局限于做一个新闻事实的旁观者、记录者和政策声音的传播者，更应该放低重心、躬身入局，对教育改革有自己的深度思考和研究，乃至以专业媒体的力量推动某项具体改革的进程。本着这样的理念，最近六七年来，我写了近50篇专业性文章，其中有三篇论文刊发于《基础教育课程》。我个人体会较深的是2019年9月刊发的《提升社会大众对统编三科教材的认知水平》一文。它把统编三科教材问题与新闻传播学结合起来，从不同受众群体的认知特点出发，分析统编三科教材相关舆情的成因，结合新时代媒体发展特性提出相应对策。这篇文章的写作角度比较新颖，但是写的时候我自己心里也拿不准，因为这样的写法和过去教材专家们的文章"套路"不太一样，何况统编三科教材的舆情处理在当时还是比较敏感的话题。当我向付宜红主编请教时，她当即对这种跨界融合的写法大加赞赏，并鼓励我尽快成文，后来她又对文章提出了很多专业性的修改意见。这篇论文刊发后，《基础教育课程》微信公众号在"往期精选"中挂了很长一段时间。两三年后，我去人民教育出版社开会，一些专家见到我还提起这篇文章。我举这样一个例子，是想说明，《基础教育课程》杂志的主编、编辑们，不仅具有深厚的专业素养，而且不守成规，很有创新意识。这一点令我十分敬仰，也值得我学习和借鉴。不论是从"作为读者"还是"作为作者"的角度看，《基础教育课程》都是我前行路上的良师益友。

《基础教育课程》是世纪之初开启的新中国第八次基础教育课程改革的见证者、助力者。如今我国的基础教育课程改革已经进入全面深化、综合推进的核心素养时代，成为教育强国建设的重要领域。20岁，正是朝气蓬勃、青春飞扬的年纪，祝愿《基础教育课程》不负韶华、砥砺前行，创造更好的明天。

（原载于《基础教育课程》2024年第10期）

附录二 APPENDIX

"双减"之下,如何重构我们的教育生活

2021年12月30日,由中国陶行知研究会、北京师范大学教育基金会、广东国强公益基金会主办,北京师范大学教育家书院承办的"京师问道""双减"论坛,通过在线会议方式举办。来自学术机构的专家、一线的中小学校长、区域教研院的管理者和教育媒体主编等就"'双减'之下,如何重构我们的教育生活"这一话题展开热烈探讨。这一话题,大家十分关注,专家观点亦很有指导意义,特选入与教师、校长们分享。

嘉宾:
赵德成,北京师范大学教育管理学院教授
汪瑞林,《中国教育报》课程周刊、体育美育专刊主编
刘艳萍,北京十一学校一分校校长
徐海龙,浙江省温州市教育教学研究院书记、院长
唐彩斌,浙江省杭州市时代小学校长、杭州市钱学森学校校长
毛道生,四川省成都七中副校长、成都七中实验中学校长
徐志勇,北京师范大学教育学部副教授、教育家书院副院长

主持人:
孙金鑫,《中小学管理》原主编,现任《中国基础教育》主编

孙金鑫: 作为一个教育媒体人,我们一直在关注、思考和报道学校

"双减"落地的情况。目前,很多学校把工作重心放在作业布置、教学管理和课后服务上,但"双减"背景下的学校管理是一个系统的工程,我们应该借助"双减"政策,进一步优化育人生态,重构学校的生活,展现学校的创新样态。

学校的时间管理、空间管理有没有变化?学校课程教学如何提质增效?老师工作负担增加、压力增大怎么办?老师的个人专业成长和生命成长能不能同步优质化?家长焦虑的问题如何应对?我们主要围绕这几个问题来进行讨论。

系统寻变,进行学校时间与空间管理的第二次变革

孙金鑫:关于"双减",我们做了很多工作,比如进行"作业改革",促进"学习方式"变革,学校原有的时间安排、空间配置,能不能适应和满足需求?新的问题出现之后,怎么解决?

毛道生:"双减"的核心和本质是减负增效,这已形成共识。学校采取的系列举措,需要变革学校生活的时间和空间提供保障。

如何变革学校生活的时间与空间?陶行知先生提出的"六大解放",即"解放他的头脑""解放他的双手""解放他的眼睛""解放他的嘴""解放他的空间""解放他的时间",给出了很好的答案。

先看看陶行知对解放时间和空间的主张:"解放他的时间",即"不把他的功课表填满,不逼迫他赶考,不和家长联合起来在功课上夹攻,要给他一些空闲时间消化所学,并且学一点他自己渴望的学问,干一点他自己高兴干的事情"。"解放他的空间",即"使他能到大自然大社会里去取得更丰富的学问"。

学校如何"解放时间"和"解放空间",以让孩子享受"活的教育",生动活泼地发展,个性张扬地生长?我们的主要做法是:

通过"四个留白"做到"解放时间"。一是作息时间要"留白",包括午休时间、开设晚自习的学段晚自习前的时间、寄宿制学校就寝前的时间等,要留够。二是教学时间要"留白",包括自习课、艺体课、阅读课、实

验课等要落在实处，不被挤占挪用。三是课堂时间要"留白"，课堂上要留给学生自主思考、整理笔记和消化巩固的时间，老师千万不要追求"大容量""赶进度"而"一讲到底"或节奏过快。四是课余时间要"留白"，包括科学布置课外作业、杜绝违规补课、开设和组织好延时服务课程等等。

通过"四个拓展"做到"解放空间"。一是从教室拓展到室外，到食堂、运动场、草坪、花园等，如七中实验学校在"智慧之门"开设银杏课程，在食堂开设食育课程，在文创中心开设艺术课程等，实现"生活即教育"。二是从学校拓展到自然，到广阔的乡村、广袤的自然，开展劳动教育、环保教育、博物教育等，实现"奉自然作宗师"。三是从学校拓展到社会，进入博物馆、工厂企业、社区等，做到"社会即学校"。四是从学校拓展到家庭，开设家长课堂、发挥家风家训作用、开展亲子活动、提升家长家庭教育和协同育人的能力、加强家校沟通，以培养"新父母"，为"双减"营造良好的家庭氛围。

孙金鑫："四个留白"和"四个拓展"，很好地诠释了"双减"背景下学校在时间和空间管理上所作的相应变革。听完成都毛校长的经验，我们再来听听杭州时代小学、杭州钱学森学校唐彩斌校长的智慧分享。

唐彩斌：由于时间的关系，在发言的时候，我也要做到"双减"：第一减少发言时间，第二减少发言内容。我只讲"双减"之下特有的举措。

"双减"之下什么事情是特有的？一年前，如果学校组织晚自修，那是要被批评的；一年之后，我们不组织晚自修，那也是不对的。这就是"双减"前后的不同。"重构教育生态"是一个很值得讨论的问题。我们是已经重构好了一个教育生态，还是正在重构一个生态，抑或在重构过程中已经有了结果？我们是在建设性地破坏，还是在破坏性地建设？这些都是很值得我们思考的。

所有的人都知道要"标本兼治"，但大家都清楚，我们现在可能并不是"治本"的时候，只是"治标"的时候。那么，为什么明明知道不是"治本"，却还要花那么多精力去"治标"？因为我们在争取合适的时间和空间。现在留给学校的时间是长了，但是，不能一味地用延长时间来获得学生的成长，而要考虑这些增加的时间是用来干什么的。现在很多学校有一腔的热情，希望用延长的时间来做一些课程改革。国家对义务教育课程有明确的规定，9522节课是国家规定的义务教育课程的时长。在这些课程之外，增加的课程，都是学校层面给学生增加的。我的个人观点是，时间不能一味地延长，而是要增强学生活动的成长密度，提高质量。

提质增效，让"双减"与中高考改革同向而行

孙金鑫：在课堂教学提质增效的同时，如何与中高考改革同向而行？这也是落地"双减"政策的一个必答题。请赵德成教授谈谈您的高见。

赵德成：如何让"双减"和中高考同向而行？一听到这个问题，我在想是"同向而行"，还是"相向而行"？当然肯定不是"背道而驰"。说它"同向"，就是朝一个相同的方向出发去努力；说它"相向"，就是从两个不一样的方向朝着一个共同的目标去努力。两种表述不一样，背后目的应该是一样的，就是合力减轻学生的负担，同时提高教育的质量。

"双减"和中高考改革到底有没有可能"同向而行"或"相向而行"呢？很多人说，只要有中高考这个压力在，就不可能真正减轻学生的负担。但是，通过改革在一定程度上减轻孩子的负担，应该是有办法的。2020年中共中央、国务院颁布了《深化新时代教育评价改革总体方案》，这个文件对相关问题已经作了比较深入的解答，那就是要改进结果评价，强化过程评价，探索增值性评价以及完善综合评价，从四个评价上来着手解决有关问题。

回到中高考改革，可能重点要放在改进结果评价和强化过程评价上。首先，必须改进结果评价。我们强调要打破"唯分数论""唯升学论"等顽疾，但不是说不要结果评价，而是要改进它，提升它。具体来说，就是要把考试的重点放在问题解决能力上。问题解决能力是综合的，涉及合作沟通，融合了批判性思考，注重实验探究。怎么做到这一点？我们需要在考试命题方式上作出改革，要联系生产生活实际，加强情境设计，增强题目的综合性、应用性、探究性与开放性。尽管近些年来，我们在这个方向上已经启动了一些改革，也发生了一些变化，但是，实际上有些题目只是

"穿衣戴帽",还没有真正科学有效地考核学生的探究能力、批判性思考能力和问题解决能力。

我曾经跟北京一位知名特级教师有过一次对话。他是教物理的。我问他:"咱们现在的高考是不是特别重视实验和探究?题量是不是增加了?"他说:"是的,近几年这种趋势非常明显。"接下来,我又问他一个问题:"那这些实验,学生在高考前有没有做过?"他说:"基本上都做过了,而且做过好多遍。"如果这些物理实验学生在高考前已经做过很多遍了,考试题目要求学生提出实验假设或者列出实验步骤,这能考查学生的实验探究能力吗?他连实验结果都知道了,我们考的是他的什么能力?是基于学科思想提出假设或做出实验设计的能力吗?如果高考物理学科的实验考试的命题不作调整,那么评价改革对日常教学的导向作用和减负作用依然有限。现在有些题目不是去考他真正设计实验、改进实验、进行探究的能力,考查的是他们背诵实验步骤的能力。那么学生就需要大量的重复训练,减负和提质都会难以实现。

其次,要强化过程评价。关于"双减",教育部文件说得非常明确,严格控制考试测验次数和作业数量,连月考、周考、单元测验都不可以进行了,而且不能以任何形式变相进行测验和考试。老师们就会很困惑,不知道该怎么办。《深化新时代教育评价改革总体方案》里反复说这个问题,要强化过程评价。怎么强化?老师在每一堂课上都有过程性的评价,如果把终结性的评价分散在课堂上的过程性评价上,把知识目标、核心素养目标分散在每堂课上,每一堂课都有一个有效的随堂检测,到单元结束时就可以汇总起来,知道学生的整体目标达成情况。这种强化过程评价的教学,要求老师关注和改进每一次教学过程,使每堂课都有真实学习的发生,让学生有真正的获得感,而不是稀里糊涂地下课,把学习任务带回家。只有这样,我们每堂课才算提质增效了,课后负担也就减少了,孩子也不用参加所谓的补习班了。这样一改革,减负增效就有希望。

孙金鑫: 大数据时代,我们如何用好数据思维和数字技术为中高考改革"减负提质"?

徐海龙: 这个话题,我想重点从学校管理的角度来谈。我认为,应该将"双减"放到中国社会发展的大背景下考虑,无论怎么样,学生面对的竞争还是存在的,我们的主要任务是引导学生参与良性的、健康的竞争,促进学生的全面发展,减负是减过重的负担而不是减掉所有的负担。

怎么减过重的负担?我想应该把重心放在作业管理上。作业是老师最熟悉、学生最熟悉的教学环节,也是老师们过去研究较少的一个环节。学校管理也很少涉及作业问题。我认为学校在作业管理上,应做好四个方面的工作:

第一,要控制好作业总量。这个讲起来简单,在实践中落地见效却需要巨大的智慧。没有一位学科老师觉得自己布置的作业是多的,但是最后学生就感觉负担很重。其实作业多不多,学生最清楚,但是没有一个良好的反馈机制,让老师知道作业太多。所以,校长应当研究怎么建立一个合理的机制,特别是借助数字技术的力量,统计分析和反馈学生的作业负担情况,及时让老师进行调整。第二,要做好来源管理。现在订购教辅资料太方便,以至于教师和学生都被教辅资料牵着走。学校应该加强对作业来源的管理,否则一本一本的教辅资料非常多。第三,要优化校本作业设计。学校一定要加强个性化教学和个性化作业设计。第四,要加强对命题的研究,其核心应该放在促进学习方式的改变上。

孙金鑫:"双减"问题也是教育媒体关注的重点,所以我们特别邀请《中国教育报》的汪瑞林主编从媒体的视角谈一谈他的看法。

汪瑞林:其实媒体视角跟专家、校长们关注的视角是差不多的。前面几位专家谈的已经非常丰富和全面,从学校的、社会的、政府的、家长的各个层面都谈到了。我还是想从中高考改革这样一个话题和视角切入,分享一些自己的看法。

大家都知道"双减"政策是针对义务教育阶段而出台的,而高考,实际上它不是义务教育阶段的事,但是我觉得高考是可以和"双减"放在一块儿来谈的。为什么?因为"双减"虽然是针对义务教育阶段,但是"双减"这样一场史无前例的变革,如果真正地落实下去的话,将深刻地改变我们国家基础教育的生态,它一定会向上延伸,影响到高中教育。同时,中国高考评价体系"一核四层四翼"这样一个总体的架构、高考命题改革的理念一定会向下传导到初中，甚至传导到小学。所以，我觉得高考和中考这两个重要的考试，可以和"双减"一起谈。社会大众都讲考试评价是一个指挥棒，对我们的教育教学有着非常重要的导向作用。但是我认为，中高考改革和课程教学之间的影响是相互的、双向的，而不是单向的。中高考改革会影响课程建设、教学改革，同时课程、教育教学的状态，也会对中高考改革产生不同的作用，或是助力它，或是阻碍它。

从正向来看，一方面，落实"双减"，必须对中考高考评价制度进行改革，确立科学导向，缓解家长的紧张与焦虑感。"双减"政策文件的第16条是"深化高中招生改革"，指出："各地要积极完善基于初中学业水平考试成绩、结合综合素质评价的高中阶段学校招生录取模式，依据不同科目特点，完善考试方式和成绩呈现方式。坚持'以学定考'，进一步提升中考命题质量，防止偏题、怪题、超过课程标准的难题。逐步提高优质普通高中招生指标分配到区域内初中的比例，规范普通高中招生秩序，杜绝违规招生、恶性竞争。"中高考改革对于"双减"的这种导向作用不容忽视。

另一方面，新高考改革确定了"以学定考"的原则，高考评价要发挥高考积极的、正面的导向作用，需要"招—考—教—学"全流程各环节的无缝衔接、良性互动。而在被校外培训机构裹挟的情况下、在应试教育强大的惯性下，高考评价的正面导向作用容易被消解，难以发挥其应有功能。可以说，"双减"让学校回归育人主导地位，改变片面重视智育、追求分数的教育生态，为高考改革更好地落实"一核"（立德树人、服务选才、引导教学）创造了良好的条件。

由此不难看出，"双减"政策和中高考改革在政策立意和内在逻辑上是一致的。那么，具体落实到课堂教学上，如何做到提质增效，让课堂教学既符合"双减"要求，又能顺应新高考、新中考改革方向呢？我个人认为，有三个方面是比较重要的：

第一，要明确课堂教学的核心任务是什么。"双减"也好，中高考改革也好，它的政策立意都是要保障学生的身心健康，促进学生全面发展。不能挤占学生的休息时间和素质拓展的时间，提高成绩不能靠加班加点去补课。那么在有限的时间里，甚至在要缩减的这个时间段里，怎么提高课堂的效率？以前这种碎片化的，把一个知识点掰碎了、揉碎了反复地讲，这种"满堂灌"的教学方式肯定是不行的，需要改变。教师需要对教学的内容进行梳理和重构。怎么重构？《中国高考评价体系》作出了明确的指引——"四层"：核心价值、学科素养、关键能力、必备知识。这既是高考考查内容，也是素质教育目标。这四个方面，应该成为"双减"背景下课堂教学的核心和主线。

第二，要把握好作业设计改革的方向，要与中高考改革协同研究。压减作业总量、优化提高作业设计的质量是"双减"核心内容之一，作业设计改革要与中高考命题改革协同配套。刚才提到了，"双减"文件中提出要"进一步提升中考命题质量，防止偏题、怪题、超过课程标准的难题"。事实上，2019年《教育部关于加强初中学业水平考试命题工作的意见》就对中考命题提出了具体要求，强调："试题命制既要考查基础知识、基本技能，还要注重考查思维过程、创新意识和分析问题、解决问题的实际能力；要结合不同学科特点，合理设置试题结构，减少机械性、记忆性试题比例，提高探究性、开放性、综合性试题的比例，积极探索跨学科命题，提高试题情境设计水平；要严格依据义务教育课程标准科学命题。"我觉得，这些命题的指导思想，恰恰也是加强作业管理、推动作业设计改革的方向。

第三，要加强教学评一致性的研究与实践。新中考高考改革确定的一个原则就是"以学定考"，课程标准是最根本的依据，但是实际中经常存在着教、学、评不一致的情况，这是导致许多家长恐慌的一个重要原因。打个比方说，有老师反映，教材、课堂上学的是A，可是测验、期中期末考试考的是B，而中考高考考的是C。ABC的难度是递增的，覆盖范围也不一样，这样家长心里就慌了：不行，还得找校外机构补啊。我觉得问题就出在教师的教、学生的学，还有考试命题三者各顾各的，互相之间缺乏贯通，这方面也是"双减"下课堂教学应该注意的问题。

有破有立,从制度安排上让教师破"重"前行

孙金鑫:在落实"双减"的过程中,教师工作负担加重的问题无法回避。学校该如何从系统设计出发,让教师破"重"前行?

刘艳萍:面对"双减"挑战,让老师能够破"重"前行,关键是学校要采取战略性行动。所谓的战略性行动,必须立足于"长期主义",需要摒弃短视的、功利性的行为。这种基于"长期主义"的战略性行动,大致包括以下几个方面:

首先,要围绕培养目标进行学校课程体系的建构。这就需要把课后服务的课程纳入学校的课程体系,让老师能站在育人的顶层设计看待时间的分配、课程结构的重整,包括在课程内容、课后作业等方面要进行有机的协调,不给老师增加额外的负担。

其次,要对老师进行跟进式的系统培养。学校的教师发展课程要立足于服务教师的专业成长,能够根据时代的变化、学生成长的需求,实现自我迭代更新。老师接受培训的时间哪里来?方式如何改进以更符合老师的实际情况?学校要重新研究教师发展课程,从各种机制上进行保障。与此同时,学校要在教师发展的三个支持体系上深入研究,包括与之相配套的教师薪酬体系、与学生成长紧密挂钩的教师荣誉体系、与教师生活获得感紧密相关的福利体系。哪怕就是一个弹性坐班制,也是为老师减负提供的一个小小的福利支撑。

最后,要调整学校的组织结构。不能让组织结构产生的行政力量把老师压垮。一定要解放老师,让老师有更多的时间和孩子们在一起研究教育教学,开展育人实践的探索,而不是在行政力量的驱使下做很多无用功,做很多"面子工程"。

我们要努力为老师减少来自行政力量的干扰,积极运用信息技术解决日常琐事对老师的羁绊。比如说,数字化平台可以通过技术手段把各类通知发送到不同的终端上去,让不同的人群,通过不同的渠道获得相关的信息,而不是千针万线都从班主任、从老师这里落实到每一个端口去,这样

老师可以减少很多无效的劳动，能够把时间、精力用在回归教育本质、回归育人本质的事情上。

"双减"工作，尽管说压力很大，尽管说挑战很多，老师依然能够安心育人实践，是因为他觉得自己做的事情是有利于学生生命成长的，愿意为此付出。为老师在精神层面减压，在价值层面赋能，在物质层面激励，那么老师在行动上就会更加积极主动。这是一个系统的工程，只有回到战略性的高度来研究这些具体问题的解决，才能形成长效机制。

打破"剧场效应"，化解家长的教育焦虑

孙金鑫：前面我们都是站在教育内部来谈"双减"，"双减"减轻了家长的经济负担和养育负担的同时，有没有减轻家长的教育焦虑？打破"剧场效应"之后，该如何化解家长的教育焦虑？

徐志勇："双减"政策落地是一整套组合拳，要全面打破"剧场效应"，化解家长的教育焦虑，涉及的方面和内容很多，这里扼要谈三点：

第一，深入推进义务教育公共服务均等化优质化，让大家没有必要"在剧场站起来"。学生择校的主要原因还是城乡、区域和校际教育质量存在较大差异。要通过大力推进优秀教师轮岗交流、集团化办学、城乡教育发展共同体等多种途径，推动优质教育资源共享，建设群众"家门口的好学校"。有了"家门口的好学校"，家长就没有必要为学生去哪上学而焦虑，这样就能破除中心城市对县和乡镇优质生源的"虹吸效应"。要加大经费、资源、待遇等方面的倾斜投入，鼓励优秀师资到乡村学校、在基层学校长期任教，为提高乡村基层学校的办学水平奠定坚实基础。

第二，学校教育要"减负、提质、增效"，帮助学生在校进行高质量的学习。减轻学生过重的作业负担，其目的是促进学生健康、全面发展，而不是降低教育质量，更不能把学生的作业辅导一股脑儿推给家长。"双减"政策之下，学校要提升教研水平，着力调整课程结构、优化课堂教学、科学设计作业，进一步推进课程、课堂、课业和课后服务协同发展，建设"研究型"学校。同时，要强化技术赋能，科学利用信息化智能化设施和

手段减负增效，统一采购和组织开发优秀线上课程与教学资源，减轻教师备课、作业评改、学业辅导的负担。再者，要为家长家庭教育指导能力提升提供支持，主要在亲子陪伴与沟通策略、学习态度与动机培养、引导自主学习、良好行为习惯养成、形成家校合力等方面进行指导。

第三，推动普通教育、职业教育共同发展、融合发展，让家长和学生自主选择适合的学校。为了进一步缓解升学压力、就业压力，需要多措并举，为学生提供多元化、相互融通的发展通道。从家长的角度来讲，希望未来普通教育和职业教育是共同发展、融合发展的"立交桥"。我们希望看到这样的场景：学生考上了普通高校会拥有一个美好的前程；考上了职业院校同样会拥有一个美好的前程。

孙金鑫：感谢各位嘉宾的精彩分享。今天的对话生成了很多新的东西。关于"双减"话题，我也和大家交流一下我的看法。"双减"背景下学校生活的重构，至少有这样几个角度可以关注：

第一，我们要建立新的学校时间观。不仅仅要弹性地把握时间，而且要明确学校的时间单元是怎么划分的。以前我们把学校的时间单元划分成45分钟一节课，或者50分钟一节课，哪些时间该占用，哪些时间不该占用，哪些是留白，哪些是要加大密度的，这是我们过去的时间观。"双减"需要重新划分我们的时间，学校的时间从学生8小时在校，变成现在10小时在校了，如果还按原来那种划分方式进行时间管理，肯定是不适宜的。

第二，我们要建立新的空间观。要推进学校空间的变革，包括课内课外、校内校外、线上和线下的。空间变革该如何服务于现有的教育教学，需要我们进行深度思考。

第三，我们还要建立新的组织观。学校的组织结构、制度配套、文化建设，包括教师管理方式等，未必能适合现在的需要。教师的薪酬怎么办？福利怎么办？课时怎么算？荣誉制度怎么建立？我们不能仅仅靠口头的表扬或鼓励，应该有一些相应的管理办法配套支撑，以减轻老师在"双减"之下负"重"前行的压力。

第四，我们要重塑教育内容观。我们面对的不仅仅是学生，更是孩子。他们是家庭的子女，是社会未来的公民，是现在的学生。我们如何从

"五育并举"的角度,给未来的家庭、未来的社会培养一个好孩子、一个好公民、一个好家人?我们应该从这样的角度来重新定义并反思我们的教育内容。

总之,学校观、时间观、空间观、组织观、内容观都要进行相应的变革。我们今天探讨"双减",讨论教育的变革,实际上是在探讨一种新的教育生活如何开启的问题。"双减"改革肯定要深入到学校战略核心,深入到学校管理的核心,会触动一场学校管理的新的革命。

一切过往皆为序章。希望在我们共同的努力下,学校变革的精彩案例不断涌现,好的经验、好的智慧、好的行动不断出现。

[原载于《生活教育》2022年第二期(上),有删减]